Karl Kautsky
Georgien. Eine sozialdemokratische Bauernrepublik.
Eindrücke zu Beginn des 20. Jahrhunderts

SEVERUS Verlag

Kautsky, Karl: Georgien. Eine sozialdemokratische Bauernrepublik.
Eindrücke zu Beginn des 20. Jahrhunderts. 2018
Neuauflage der Ausgabe von 1921
ISBN: 978-3-96345-059-4

Umschlaggestaltung: Annelie Lamers, SEVERUS Verlag
Umschlagmotiv: www.pixabay.com

Bibliografische Information der Deutschen Nationalbibliothek: Die
Deutsche Nationalbibliothek verzeichnet diese Publikation in der
Deutschen Nationalbibliografie; detaillierte bibliografische Daten
sind im Internet über https://dnb.de abrufbar.

Der SEVERUS Verlag ist ein Imprint der Bedey & Thoms Media GmbH,
Hermannstal 119k, 22119 Hamburg

SEVERUS Verlag, 2018
http://www.severus-verlag.de
Gedruckt in Deutschland

Karl Kautsky

Georgien.
Eine sozialdemokratische Bauernrepublik

Eindrücke zu Beginn des
20. Jahrhunderts

SEVERUS

Inhalt

Vorwort

Wenn man eine Reise tut, kann man was erzählen, sagt das Sprichwort. So werden meine Parteigenossen mich fragen, welche Eindrücke ich von Georgien heimgebracht habe, umso mehr, als ich dorthin ging nicht als Tourist, nicht zum Vergnügen, so viele frohe und erbebende Momente mir auch der Aufenthalt in dem schönen Lande brachte, sondern ich begab mich nach Georgien als Lernender, um ein Land ganz eigener Art kennenzulernen, ein Land, das an den Grenzen der europäischen Zivilisation liegt und doch eine sozialdemokratische Regierung und ein Parlament mit starker sozialdemokratischer Mehrheit aufweist: ein Land, ökonomisch noch rückständiger als das benachbarte Russland, und dessen Proletariat doch die politische Herrschaft oder, wenn man will, die Diktatur übt, ohne jeglichen Terrorismus, mit den Mitteln und Methoden der Demokratie.

Eingeladen von der sozialdemokratischen Partei Georgiens, reiste ich dorthin gleichzeitig mit der Delegation der Zweiten Internationale, die von der georgischen Regierung zum Besuche des Landes aufgefordert war. In Rom erkrankt, konnte ich erst vierzehn Tage nach der Delegation den Boden Georgiens betreten, gerade in dem Zeitpunkt, als diese zurückkehrte. Ich blieb dann weit länger im Lande, von Ende September bis anfangs Jänner, bekam aber doch weniger davon zu sehen als sie, da der Zustand meiner Gesundheit und dann Ungunst des Wetters mich verhinderten, gleich der Delegation nach allen Landesteilen zu reisen. Ich habe nicht mehr zu sehen bekommen, als sich von der Eisenbahn und von Tiflis aus sehen lässt.

Dazu kam meine Unkenntnis des Georgischen wie des Russischen. Wohl ist die Kenntnis des Deutschen und noch mehr des Französischen in Georgien sehr verbreitet; mit vielen Einheimischen konnte ich direkt sprechen, nie mangelte es mir an einem Übersetzer. Immerhin blieb es mir versagt, direkt mit den Leuten aus dem Volke in Verbindung zu treten und ihre Auffassungen zu erkunden. Ebenso blieb mir die einheimische Literatur über das Land, seine offizielle und private, wegen der Sprachschwierigkeiten, unzugänglich, soweit nicht auch da Übersetzungen mir halfen.

Ich darf also durchaus nicht mit dem Anspruch auftreten, das Land erforscht zu haben. Immerhin habe ich doch weit mehr von ihm kennengelernt als ein gewöhnlicher Tourist; jedermann gab mir bereitwilligst Auskunft über alles, wonach ich fragte, sowohl die Häupter der Regierung und der Ämter wie die Vertreter der Opposition; Proletarier wie Handelsleute und Intellektuelle. Die Kommunisten hielten sich von mir fern. Aber was sie zu sagen hatten, konnte ich jeden Tag aus ihrem täglichen Blatte ersehen, das sie in Tiflis herausgaben, während in Russland kein sozialdemokratisches Blatt erscheinen darf. Das hindert natürlich nicht, dass die Kommunisten allerorten über den Mangel an Freiheit – in Georgien zetern. Die Freiheit der Presse erleichtert es in jedem demokratischen Lande, allen Missständen nachzuspüren, wenn man sich nicht auf die Presse einer einzigen Partei beschränkt und namentlich die der Opposition berücksichtigt.

Mir stand auch der Zutritt zu allen Institutionen und Betrieben frei. Da ich es mir zum Prinzip gemacht hatte, meinen Besuch nie vorher anzumelden, konnte ich sicher sein, dass mir nicht Potemkin'sche Dörfer gezeigt wurden.

So habe ich doch, trotz aller Schwierigkeiten, eine Fülle von Belehrungen gesammelt und glaube, ein richtiges Bild der Eigenart des Landes wenigstens in groben Umrissen gewonnen zu haben.

Der Leser wird es begreiflich finden, wenn ich mich nicht auf eine Darstellung des Vorgefundenen beschränke, sondern auch anknüpfend daran hie und da allgemeine theoretische Gesichtspunkte entwickle, die nicht für Georgien allein gelten, mit dem Lande jedoch insofern zusammenhängen, als es mir die Anregung zu ihnen gab. Die hier ausgeführten sind nicht die einzigen Anregungen, die ich dort empfing. Ich habe ungeheuer viel in Georgien gelernt, meinen Horizont sehr erweitert, und dafür vor allem danke ich auf das herzlichste meinen lieben Gastfreunden, der sozialdemokratischen Partei Georgiens.

Wien, 18. Februar 1921

Nachbemerkung. Kaum war meine Arbeit, mit vorstehendem Vorwort versehen, zur Druckerei gesandt, da erreichte mich die Schreckensnachricht von dem bolschewistischen Überfall, der nicht unerwartet kam, wie der Leser sehen wird, der aber doch nicht für unvermeidlich galt. Durch diese grauenhafte Untat hat meine Schrift wohl an Aktualität sehr gewonnen, aber nie hat ein Autor die Aktualität seines Produktes mehr beklagt als ich in diesem Falle, der mich aufs Tiefste erschüttert hat.

Die furchtbare Katastrophe des georgischen Staatswesens verlasst mich nicht, an meinen Ausführungen etwas zu ändern. Ich habe nur das ursprüngliche Schlusskapitel durch zwei neue ersetzt, in denen ich zu den jüngsten Vorkommnissen Stellung nehme. Ich konnte mich nicht entschließen, in den vorhergehenden Kapiteln das Präsens durch das Perfektum zu ersetzen, von dem georgischen Staatswesen als einem Ding der Vergangenheit zu sprechen. Noch lebt es und kämpft es, zu der Stunde, in der diese Zeilen in Druck gehen. Wohl ist die Übermacht des Drängers erdrückend, aber dauernde Ruhe wird ihm in Georgien nicht beschieden sein.

Wie immer sich aber das Schicksal des so liebenswürdigen und enthusiastischen georgischen Volkes durch den bolschewistischen Terror gestalten mag, eines kann er nicht auslöschen, die historische Bedeutung der Methode des georgischen Sozialismus. Sie klar zu machen, ist vor allem die Aufgabe meiner Schrift gewesen. Diese Ausgabe erscheint mir jetzt doppelt wichtig, angesichts der brutalen Unterbrechung, vielleicht Aufhebung jener soviel verheißenden Methode sozialistischer Politik. Ich hoffe, die Lösung der Aufgabe ist mir auf den folgenden Seiten gelungen. Sie liegt im Interesse nicht bloß der georgischen, sondern der gesamten internationalen Sozialdemokratie.

Wien, 8. März 1921
K. Kautsky

1. Natur

Was man von einem Lande zunächst kennenlernt, sind seine Formen und Farben, der Charakter seiner Landschaft. Sie ist in Georgien schon auf den ersten Blick bezaubernd, und dieser Eindruck vertieft sich immer mehr durch die unendliche Mannigfaltigkeit der Bilder, die hier auf engem Raum vereint sind. Steigt doch von einer Meeresküste mit subtropischer Vegetation der Kaukasus direkt zu Erhebungen von mehr als 5000 Metern Höhe empor. Von dem Gipfel des Elbrus[1], 5600 Meter, genoss Merzbacher, wie er in seinem Buche „Aus den Hochregionen des Kaukasus" (Leipzig 1901) erzählt, eine Fernsicht, deren Eindruck „ein so überraschender, so großartiger war, daß gegen ihre mächtigen Formen selbst die Gipfel der Zentralalpen nur wieder eine bescheidene Erinnerung bildeten". (I, 591.)

Und an anderer Stelle sagt er:

„Alle Pia mala- und Tamina-Schluchten, die Liechtenstein-Klause und so viele andere können nicht mit den wilden Felsengen des Tschegen- oder gar jenen des Alasanflusses und der Korsuflüsse verglichen werden. Weder Berner Oberland noch Engadin, weder Judikarien noch Cortina- oder Cordevoletal vermögen an Großartigkeit der Verhältnisse oder an Wechsel des Aufbaues, an Harmonie der Anordnung, an Vegetationsreichtum und Farbenpracht die swanetischen Landschaften zu erreichen." (I, 122.)

Ich beziehe mich hier auf den klassischen Erforscher der

---

1   Anm. des Verlags: Die Schreibweise von Eigennamen wurde aus dem Original Kautskys übernommen.

Berge und Völker des Kaukasus, da es mir selbst versagt blieb, deren Schönheiten aus der Nähe zu genießen[2].

Merzbacher kannte die Alpen ebensogut wie den Kaukasus. Auch andere Kenner beider Gebirge stellen die Schönheit und Großartigkeit des Kaukasus in vielem über die der Alpen. Und nun denke man sich die Schweiz an die Bucht von Neapel versetzt, und man bekommt eine Vorstellung der Mannigfaltigkeit und Fülle des Schönen, die Georgien in sich schließt.

Doch nicht bloß subtropische Meeresküste und Gletscherwelt vereinigt Georgien, sondern auch die berückende Fülle der Vegetation, die aus tropischer Hitze und großer Luftfeuchtigkeit hervorgeht, findet man dort dicht neben der Erhabenheit der Sandwüste. So groß die Niederschlagsmengen am Schwarzen Meer sind, so rasch nehmen sie ab, je mehr man sich dem Kaspischen Meer nähert. Batum hat 2283 Millimeter Niederschläge im Jahr, Tiflis nur noch 490, Baku gar nur noch 253. Je mehr man in Georgien nach dem Osten fortschreitet, desto baumloser, steppenartiger wird die Landschaft in der Ebene, bis sie schließlich in Aserbeidschan stellenweise den Charakter der Wüste annimmt.

Zu dieser Fülle wechselndster mannigfaltiger Schönheiten gesellt sich ein überraschender Reichtum an Heilquellen der verschiedensten Art, die dem vulkanischen Boden entspringen.

---

2   Reben Merzbacher kommt für den deutschen Leser, der die Eigenart Kaukasiens und namentlich Georgiens kennenlernen will, noch *Bodenstedt* in Betracht, dessen Werke über jene Gebiete („Tausendundein Tag im Orient", Berlin 1850, und „Die Völker des Kaukasus", Frankfurt am Main 1848) heute wohl in vielem veraltet sind, aber doch manches in Georgien verstehen lehren. Moderner ist das Buch von *Artur Leist* über „Das georgische Volk" (Anm. des Verlags: Dieser Titel ist auch im Severus-Verlag erschienen).

Nicht nur dem Naturfreund und dem Künstler, auch manchem Leidenden hat Georgien viel zu bieten. Schon vor dem Kriege begannen Touristen und Kurgäste nicht nur aus Russland, sondern auch aus Westeuropa das wunderbare Land aufzusuchen, dessen Reize noch dadurch erhöht wurden, dass sie, im Gegensatz zu denen der Schweiz und Italiens, vielfach noch ganz unberührt waren. Noch gibt es im Kaukasus jungfräuliche Urwälder und abgelegene Täler, die kein Fremder bisher betrat. Ein Zeugnis für die Urwüchsigkeit des Landes bietet der Umstand, dass große Raubtiere dort noch häufig sind, neben einer Fülle von anderem Wild. Bärenfleisch kommt in Tiflis auf den Markt und wird ebenso verkauft wie bei uns Ochsenfleisch und zu keinem höheren Preis. Als ich einmal Bärenfleisch der Kuriosität halber kaufte, fragte ich, wo der Bär geschossen worden sei. Man antworteten mir, 70 Werst (1 Werst ungefähr 1 Kilometer) entfernt von Tiflis. Also recht nahe der Hauptstadt, nicht etwa in einem abgelegenen Kaukasustal.

Doch nicht bloß für den Touristen, Sportsmann, Kurgast und Ästheten ist Georgien ein wahrhaftes Paradies. Die Natur muss auch den Ökonomen in Entzücken versetzen. Was sich so selten vereinigt, Schönheit und Bodenreichtum des Landes, in Georgien ist beides in außerordentlich hohem Maße vereint zu finden, im Gegensatz zum Beispiel zu der Schweiz.

Der Boden ist äußerst fruchtbar und imstande, reiche Ernten zu tragen sowohl an südlichen wie an nördlichen Gewächsen, je nach der Lage der Grundstücke. An der Küste des Schwarzen Meeres gedeihen Orangen, Feigen, Oliven und Tee, gegen Aserbeidschan zu kultiviert man Baumwolle. Fast überall baut man entweder Mais oder Weizen und Gerste. üÜeraus reich ist Georgien an trefflichem Wein. Es soll seine Heimat sein. In den Wäldern Georgiens wächst er wild. Sehr gut gedeiht auch der Tabak, der den Trapezunter an Güte übertreffen soll, was ich nicht zu beurteilen vermag. Nirgends sah ich solchen Obstreichtum wie in Georgien. Nur Kalifornien soll es darin erreichen. Unendlich groß ist der Reichtum der georgischen Gebirge, namentlich des Kaukasus an wertvollen Hölzern. Aber auch an Mineralien birgt Georgien große Schätze. Die bedeutendsten bilden die Manganerze von Tschiaturi, die als die reichsten der Welt gelten. Die drei wichtigsten Fundstätten von Mangan in der Welt sind Brasilien, Indien, Georgien. Sie führten 1913 aus:

Brasilien   122.000 Tonnen
Indien   772.366 Tonnen
Georgien   1,061.731 Tonnen[3]

Kohle kommt an zwei Stellen Georgiens in großer Mächtigkeit vor. Daneben Eisen, Kupfer, Blei, Zink und anderes. Im Altertum war das Land berühmt wegen seines Goldreichtums (daher die Sage vom goldenen Vlies), heute sind keine Goldminen mehr in Betrieb. In manchen Kupfer- und Zinkminen findet man kleine Beimengungen von Gold im geförderten Erz.

---

3   Vergl. *B. Babet, Les richesses naturelles de la Géorgie. Richesses minières.* Paris, Durand, 1920. S. 17.

2. Die Geschichte

So fehlt Georgien nichts, um nicht nur eines der schöns-
ten, sondern auch eines der reichsten Länder der Welt zu
sein. Und man müsste annehmen, dass die Georgier wie
im Himmel leben. Jedoch hängt die materielle Lage eines
Menschen nicht bloß von den Reichtümern des Bodens
ab, die er vorfindet, sondern auch von der Art, wie er sich
ihrer bemächtigt, und von den Verhältnissen zu seinen
Nebenmenschen, die er dabei eingehen muss. Sie hängt
also ab nicht nur von den natürlichen, sondern auch von
den ökonomischen und sozialen Bedingungen, in denen er
lebt. Und diese Bedingungen waren gerade in den letzten
Jahrhunderten in Georgien nichts weniger als glänzend.

Ungefähr ein Jahrtausend lang wurde freilich Georgien
durch seine geographische Lage insofern begünstigt, als es
durch das Schwarze Meer in Verbindung mit Griechenland
kam. Der Boden vieler griechischer Staaten war zu steinig
und unfruchtbar, um ihre wachsende Bevölkerung zu ernähren. Sie brauchten Zuschüsse von auswärtigem Getreide,
das sie bei entwickelter Schifffahrt aus Südrussland zu
holen lernten. So kamen sie in Verbindung mit den Küsten
des Schwarzen Meeres. Nach Georgien lockte sie das Gold,
das damals dort gefunden wurde. Schon im achten Jahrhundert vor unserer Zeitrechnung legten griechische Städte
Kolonien am Schwarzen Meere an. Die Georgier wurden
mit griechischer Kultur bekannt zu einer Zeit, als die Deutschen oder deren Vorfahren noch in ihren Urwäldern auf
keiner höheren Stufe standen als die wilden Indianer Nord-
amerikas bei ihrer Entdeckung durch die Europäer.

Mehr noch als durch das Gold mussten die Griechen durch die Tatsache nach Georgien gezogen werden, dass dort ein guter Weg von West nach Ost ging, nach den damals noch so reichen Gebieten Persiens und Zentralasiens. Östliche und westliche Kultur trafen sich in Georgien und förderten seine geistige Entwicklung.

Aber Straßen zu reichen Gegenden locken nicht bloß den Kaufmann, sondern auch den Krieger, sei es den Plünderer oder den Eroberer. In dem Maße, als der Verkehr zwischen West und Ost, Griechenland und Innerasien sich in Georgien entwickelte, häuften sich auch die Zusammenstöße östlicher und westlicher Heere, die das Land zum Kriegsschauplatz machten und verwüsteten. Indes erholte es sich immer wieder rasch, solange es eine Straße des Welthandels blieb. Als aber die Türken dem byzantinischen Reich ein Ende machten, nicht nur Kleinasien und Konstantinopel, sondern auch die Balkanhalbinsel eroberten und das Schwarze Meer beherrschten, wurde Georgien von Europa abgeschnitten. Die Straße des Verkehrs von West nach Ost ging von nun an durch den Atlantischen und Indischen Ozean. Gleichzeitig verfiel auch Persien und Zentralasien. Nun verlor Georgien immer mehr die Fähigkeiten, die Folgen der ewigen Kriegsnöte wieder gutzumachen, seine Kultur, sein Wohlstand, auch seine Volkszahl gingen rasch zurück. Das einzige, was sich in den ewigen Fehden aus seinem Boden behauptete, war die feudale Ausbeutung der Bauernmasse durch zahllose kleine Fürsten, eine Ausbeutung, die in dem Maße drückender wurde, als der Bauer verarmte.

Eine Wandlung kam durch das Erstarken Russlands. Dort wurde zuerst der Kampf des Westens gegen die im Mittelalter aus dem Osten vorgedrungenen räuberischen Nomaden und Eroberer erfolgreich aufgenommen. Die Moskauer Zaren drängten zuerst die Tataren, dann die Türken zurück und setzten an deren Stelle ihre eigene Autokratie. Am Ende des 18. Jahrhunderts waren sie schon bis zum Kaukasus vorgedrungen. Katharina II. schloss 1783 mit dem georgischen König Heraklius II. einen Vertrag, nach dem sich dieser unter den Schutz der Zarin begab. Dieser Schutz hinderte zunächst nicht, dass Georgien auch weiter noch von den Persers geplündert wurde, wohl aber bereitete er die völlige Unterwerfung des Landes durch die Rassen vor, die 1801 Georgien als Provinz ihrem Reich annektierten.

Die inneren Fehden und die feindlichen Invasionen hörten nun allmählich auf. Noch wichtiger wurde es, dass Georgien jetzt wieder in Beziehung zu Europa trat. Doch kamen als europäische Kulturträger fast nur russische Beamte, Generale, Aristokraten, die von Europa das brachten, was sie selbst von ihm akzeptiert hatten, den äußerlichen Firnis, der die asiatische Barbarei nicht immer genügend verdeckte. Die feudale Unterdrückung und Ausbeutung wurde nicht gemildert, sondern durch die bürokratische und militaristische Knechtung noch vermehrt.

Indes blieb die russische Autokratie nicht etwa unangefochten. Die Entwicklung der Ökonomie und des Verkehrs erzeugte im russischen Reich revolutionäre Schichten, die schließlich stark genug wurden, den Kampf gegen den Absolutismus aufzunehmen, wenn auch zunächst nur in unterirdischer Form. In manchem der Randstaaten, die ehedem ein eigenes politisches Leben gekannt hatten, wurde der Kampf gegen den russischen Absolutismus besonders intensiv dadurch, dass er nicht bloß die Abschüttlung des absoluten Regimes und des Feudalismus, sondern auch die der Fremdherrschaft zum Inhalt bekam.

So in Polen, so auch in Georgien. Alle Klassen bekamen dort den Druck der fremden Bürokratie aufs härteste zu spüren. Wenn in Polen der Bauer gegen den Großgrundbesitzer ausgespielt und zeitweise begünstigt wurde, war in Georgien davon keine Rede. Wer nicht der russischen

Sprache mächtig war, wurde überall zurückgesetzt und von allen Ämtern ausgeschlossen. Sogar in den Fabriken Georgiens durfte ein Arbeiter nicht aufgenommen werden, der nicht eine Prüfung im Russischen bestanden hatte[4].

Das Aufbäumen Georgiens gegen den äußeren Druck wurde eine Zeitlang dadurch gefördert, dass die russische Regierung dorthin wie nach Sibirien ihr feindliche Elemente, zum Beispiel Polen, verbannte. Diese Praxis dauerte allerdings nicht lange, denn schon in der Mitte des vorigen Jahrhunderts begann die Auflehnung Georgiens. Damit kam die Reihe an die Georgier selbst, verbannt zu werden. Dieses Los wurde ihnen im reichsten Maße zu teil. Geführt musste der Kampf gegen den Zarismus werden in Anlehnung an die Ideenwelt des höher entwickelten Westens. Nicht bloß die Beamten, Militärs und Aristokraten, sondern auch die Revolutionäre Russlands entnahmen ihr Wissen und ihre Denkmethoden dem westlichen Europa. Dieses war aber zu der Zeit, als die revolutionäre Bewegung in Russland erstarkte, bereits so weit, dass die Liberalen konservativ geworden waren und nur die Sozialisten revolutionäres Denken repräsentierten. So wurden die russischen Revolutionäre zu Sozialisten, trotz der Schwäche des Proletariats und seines Klassenkampfes im russischen Reich. Und so wie die Kapitalisten Russlands gleich die vollkommensten Formen der europäischen Technik für die Industrien wählten, die sie begründeten, so die Sozialisten Russlands die vollkommenste Form des Sozialismus, die marxistische.

Das galt auch für Georgien. Nur eine kurze Zeit lang wurde die oppositionelle Strömung dort von der Aristokratie geführt, wie in Polen, und besaß sie einen rein nationalistischen Charakter. In der Zeit, in der in Russland die

---

4   Vergleiche den Artikel ans dem Jahre 1904 von Li über den „Klassenkampf in Georgien". „Neue Zeit", 1., Seite 766.

Abschaffung der Leibeigenschaft betrieben wurde, zeigte sich ein Echo in Georgien in der Form bäuerlicher Unruhen, die blutig niedergeschlagen wurden.

Kraft und Planmäßigkeit kam in die oppositionelle Bewegung erst, als mit dem Bau der Eisenbahn von Tiflis nach Baku (begonnen 1880), der steigenden Bedeutung der Petroleumproduktion in der letzteren Stadt und der wachsenden Petroleumausfuhr über Baku das industrielle Kapital begann, in Georgien seinen Einzug zu halten. Fast gleichzeitig damit, bei noch unentwickeltem Kapitalismus, fasste der Sozialismus Fuß in Georgien, und zwar gleich in der marxistischen Form. Im Jahrzehnt von 1890 bis 1900 gewann die sozialistische Bewegung rasch an Kraft. Ihre ersten Vorkämpfer waren der praktische Organisator und Agitator Sylvester *Dschibladse* und N. *Tscheidse*, zu denen sich bald der Publizist und Theoretiker Noë *Dschordania* gesellte, der für Georgien noch mehr wurde als Plechanoff für Russland, da er im Lande blieb, nicht von der Emigration aus wirkte, und da er mit der Tätigkeit des Theoretikers und Publizisten auch die des praktischen Kämpfers vereinigte. Im Jahre 1896 gab es schon den ersten Streik in Tiflis und bereits 1899 wurde dort der 1. Mai gefeiert.

Im nächsten Jahre, am 1. Mai 1900, veranstaltete man ein Arbeiterfest, welches von ungefähr fünfhundert Arbeitern besucht war. Es herrschte die zuversichtlichste Stimmung und zum erstenmal erklangen revolutionäre sozialistische Lieder in georgischer Sprache unter Bannern mit den Porträts von Marx, Lassalle, Engels[5].

Im gleichen Jahre schlossen sich die sozialistischen Organisationen Georgiens der sozialdemokratischen Partei Russlands an, die sich damals bildete[6].

---

5   Li, Der Klassenkampf in Georgien.

6   Vergleiche darüber und überhaupt über die ganze sozialistische Entwick-

Die Sozialisten Georgiens wollten sich nicht in provinzialem Partikularismus von der Masse des kämpfenden Proletariats Russlands abschließen. Ebenso legten sie von vornherein Wert darauf, dem georgischen Nationalismus die Idee der internationalen Solidarität entgegenzustellen. Sie hielten die Forderung der Selbstbestimmung der georgischen Nationalität hoch, aber sie erwarteten, sie am kräftigsten zu fördern im Rahmen der russischen Sozialdemokratie, die die Selbstbestimmung aller Nationen auf ihre Fahne geschrieben hatte. Ganz anders wie etwa die polnischen Sozialisten oder die Bundisten traten sie als russische Sozialdemokraten in die Internationale ein. Diese verzeichnete keine gesonderte georgische sozialdemokratische Partei.

Damit wurden die Sozialisten Georgiens aber auch hineingezogen in alle die Irrungen und Wirrungen, die den Sozialismus Russlands durchtobten.

Im Gegensatz zu Georgien, dessen proletarische Bewegung fast ganz im Lager der marxistischen Sozialdemokratie stand, war die sozialistische Bewegung Russlands in verschiedene Richtungen gespalten. Der Sozialdemokratie, die ganz westeuropäisch orientiert war und in einem hoch entwickelten industriellen Kapitalismus die unentbehrliche Vorstufe des Sozialismus sah, standen die Sozialrevolutionäre mit einem spezifisch russischen Sozialismus gegenüber, den sie weniger auf das Proletariat als auf den Bauern mit seinen Resten von Dorfkommunismus begründen wollten. Diese Lehre konnte in Georgien keinen größeren Anhang finden, da der Dorfkommunismus dort schon völlig verschwunden war.

Bald erstand aber auch innerhalb der russischen Sozialdemokratie selbst ein Gegensatz zwischen einer mehr

---

lung Georgiens das vortreffliche Buch WL. Woytinskys *„Una vera democrazia (Georgia)"*. Ins Italienische übersetzt von Schreider. Rom 1920.

westeuropäischen und einer mehr russischen Auffassung des Marxismus. Einer, die mehr das ökonomische Moment betonte, und einer anderen, die in der Gewalt nicht bloß den Geburtshelfer, sondern den Erzeuger einer neuen Gesellschaft erblickte. Einer Auffassung, die vor allem nach der Entwicklung des Selbstbewusstseins und der Selbsttätigkeit des Proletariats verlangte und daher nach der Demokratie, welche allein den Boden dafür abgibt, und einer anderen Auffassung, die im Proletariat bloß das Werkzeug sah, das von einer kleinen geschlossenen Organisation der Sozialisten zu dirigieren sei. Die eine Auffassung blieb der Marxschen Methode treu, die sie konsequent anwandte, trotz aller Schwierigkeiten, die ihr bei der ökonomischen und politischen Rückständigkeit daraus erwuchsen; die andere begann damit, in der Parteiorganisation die Demokratie durch die Diktatur innerhalb einer Verschwörungsgesellschaft zu ersetzen und von da an sich immer weiter von den Marxschen Methode der vormarxistischen blanquistischen und weitlingianischen Methode zuzuwenden. Um dabei dem Ansehen Rechnung zu tragen, das der Name Marx in Russland gewonnen, klammerten sich die Anhänger dieser Richtung umso hartnäckiger an einzelne Marxsche Worte, je mehr sie sich von der Marxschen Methode entfernten, und verwendeten ihren ganzen Witz darauf, solche Worte, die ihnen passten, ausfindig zu machen und in ihrem Sinne zu deuten. An Stelle der marxistischen Wissenschaft setzten sie eine marxistische Scholastik.

Schon bei Beginn dieser Spaltung, die 1903 einsetzte, stellte sich die Sozialdemokratie Georgiens auf jene Seite, die von marxistischem und westeuropäischem Geist erfüllt war, das heißt, auf die Seite der Menschewiki. Und sie wurde bald der kräftigste Teil dieser Richtung. Sie blieb ihr geschlossen und konsequent treu. In Russland dagegen schwankte das Kräfteverhältnis zwischen Menschewiki und Bolschewiki ununterbrochen. Doch zeigte sich die allgemeine Tendenz der russischen proletarischen Bewegung dem Bolschewismus sehr günstig. Die Bolschewisten waren sicher die schlechteren Marxisten, doch ihr Überwiegen erklärt sich gerade marxistisch aus der Eigenart der Kampfbedingungen des Proletariats im eigentlichen Russland. In Georgien dagegen, das ebenso wie etwa Polen, national im Gegensatz zu Russland stand, fand auch die spezifisch russische Form des Marxismus keinen Boden. Die georgische Sozialdemokratie bildete eine Kerntruppe des russischen Menschewismus. Von Anfang des Bolschewismus an erschien ihm daher Georgien als der Feind, den er am grimmigsten hasste. Es ist ihm heute der Erbfeind geworden. Georgien war das Land, das nach der ersten russischen Revolution bei den Dumawahlen seit 1906 stets die größten menschewistische Mehrheiten ausmachte, aus dem auch viele der menschewistischen Märtyrer hervorgingen. Ich habe jetzt in Tiflis unter den führenden Genossen kaum einen gefunden, der nicht Bekanntschaft mit Sibirien gemacht hätte. Georgien lieferte auch der russischen Gesamtpartei eine Reihe ihrer besten Führer und Abgeordneten. Die Dschordania, Ramischwily, Zereteli, Dschaparidse, Tscheidse, Lomtatidse, Gegetschkori, Maharadse und Tschenseli spielten in Petersburg nicht minder eine große politische Rolle wie in Tiflis. An der Spitze des Arbeiterrates Petersburg 1905 standen die Georgier Tscheidse und Zereteli.

Die sozialdemokratische Fraktion der letzten russischen Duma vor der Oktoberrevolution erwählte zu ihrem Präsidenten denselben Tscheidse. Sie lehnte die Kriegskredite ab und stellte sich auf den Boden Zimmerwals. Tscheidse war es, der das Zimmerwalder Manifest in der Duma zur Verlesung brachte. Und als die Revolution 1917 die Arbeiterräte schuf, wurde wieder Tscheidse der Präsident des

Petersburger Arbeiterrates – ein Beweis, welches Vertrauen er bei den Proletariern Russlands durch seine parlamentarische Tätigkeit erworben hatte. Und Tscheidse zur Seite stand im Petersburger Arbeiterrat abermals der Georgier Zereteli, der aus der sibirischen Verbannung herbeieilte[7].

Indes vermochten sich in Russland die Menschewiki nicht zu behaupten. Sie waren zu schwach, ihre Friedenspolitik gegenüber der Kriegspolitik der Kadetten durchzusetzen, mit denen zusammen sie ein Ministerium bildeten, dem Zereteli angehörte, und konnten sich doch nicht entschließen, die bolschewistische Agitation mitzumachen, die nach Auflösung der Armee vor dem Friedensschluss drängte, auf die völlige Preisgabe Russlands an deutsche, österreichische, türkische Invasion, Plünderung und Eroberung.

Der Mittelweg, den die Menschewiki einschlagen wollten, war wohl begründet. Aber wie so oft in der Geschichte beim Zusammenprall großer unvermittelter Gegensätze werden diejenigen, die von vornherein das schließliche Resultat anstreben, das sich aus dem Kräfteparallelogramm ergibt, von dem Zusammenstoß der Gegensätze zermalmt: und erst nachdem auch die Kräfte der beiden Extreme sich erschöpft haben, ringt sich schließlich das von der Mittelpartei zuerst angestrebte Ziel durch.

So unterlagen zunächst die Menschewiki in Russland, nicht aber in Georgien. Dort gab es keine Kadetten, keine Bolschewiki von Belang. Die Mehrheit der Sozialisten Georgiens, gestützt von Dschordania, hatte die Koalitionspolitik nur ungern gesehen und ein rein sozialistisches Ministerium verlangt. In Georgien hatte durch die Revolution die Sozialdemokratie als einige und geschlossene Partei eine Herrschaftsposition erlangt, die von keiner Seite im Lande ernsthaft angefochten war.

---

7   Vergleiche Woytinsky, *Una vera Democrazia*. Seite 27ff. und Seite 116 ff.

Aber es war eine böse Erbschaft, die sie vorfand. Nicht nur die augenblickliche Situation war verzweifelt, angesichts der zurückflutenden, von bolschewistischen Feindseligkeit gegen das menschewistische Georgien erfüllten Heeresmassen der Russen, die sich in plündernde Banden auflösten, verfolgt von den ihnen nachdrängenden, noch feindseligeren und noch mehr beutegierigen Türken.

Auch darüber hinaus war das Land ökonomisch aufs äußerste bedrängt; feine Tragfähigkeit war gering. Schon vor dem Krieg hatte es unter der Verlotterung seiner Landwirtschaft, unter der Unzulänglichkeit seines Verkehrswesens sowie unter der Vernachlässigung seiner Industrie sehr gelitten. Und nun kamen dazu die Verwüstungen des vierjährigen Krieges und die ihn überdauernde Isolierung von der Industrie und Kultur Europas.

3. Die Landwirtschaft

Der Landbau wird heute noch in Georgien aufs primitivste betrieben. Wie anderswo, hemmten auch dort die feudale Abhängigkeit und das Überwiegen von Zwergpachten die Entwicklung der Landwirtschaft. Die Werkzeuge der georgischen Landwirtschaft erinnerten noch vor kurzem deutsche Beobachter an biblische Zeiten. Noch 1905 schrieb Paul Hoffmann in seinem Buch über die „Deutschen Kolonien in Transkaukasien":

> „Erst in neuerer Zeit finden in Transkaukasien moderne Pflüge Verbreitung. Doch behelfen sich die Kolonisten zum Teil noch mit dem alten, vollständig aus Holz gearbeiteten Pflug der Grusiner." (Seite 236.)

Gilt das schon von den deutschen Kolonisten, die einen höheren Typus der Landwirtschaft repräsentieren, so erst recht von dem georgischen Bauern selbst. Der Pflug wühlt den Boden nicht tief auf und erheischt eine ungemein starke Bespannung, fünf bis zehn Paar Büffel. Merzbacher sah Pflüge mit 24 Zugtieren in Gebrauch, die sieben Mann zu ihrer Lenkung brauchten. (II, 655.) Welche Verschwendung an Kraft, um ein dürftiges Resultat zu erzielen! Das Dreschen wird durch einen mit Feuersteinen besetzten Dreschschlitten besorgt, der Merzbacher als ein Überlebsel der Steinzeit erscheint.

Ebenso primitiv wie die Geräte sind die Methoden der Bodenkultur. Man kennt keine Fruchtfolge, keine Düngung, keinen Anbau von Futterpflanzen. Die Wirtschaft ist eine Feldgraswirtschaft der Art, wie sie in Deutschland zur Zeit Karls des Großen bestand. Dieselbe Feldfrucht, etwa Weizen oder Gerste, wird jahraus, jahrein auf demselben Acker gepflanzt, etwa drei Jahre nacheinander, bis die Ernten abnehmen. Dann lässt man das Grundstück mit Gras bewachsen und verwendet es als Viehweide, wieder einige Jahre nacheinander, worauf es von neuem mit der Feldfrucht bebaut wird.

Das Vieh, das auf die Weide angewiesen bleibt, ist klein und unansehnlich, wenigstens das Rindvieh. Das Fehlen eines Anbaues von Futterpflanzen ist aber nicht bloß für die Viehzucht und den Ackerbau nachteilig, sondern auch für die Waldkultur. Die Schafe und Ziegen ruinieren den Wald, vernichten jeden Nachwuchs von Bäumen, namentlich in den östlichen, trockenen Regionen. Wir haben oben von dem unermesslichen Holzreichtum Georgiens gesprochen, dieser ist jedoch sehr ungleich verteilt. Er findet sich in den niederschlagreichen Gebieten am Schwarzen Meer und in den schwer zugänglichen, menschenleeren Gegenden des Kaukasus. Die mehr trockenen sowie die stärker bevölkerten Gegenden sind vielfach völlig waldlos. So weisen zum Beispiel die ganzen Berge um Tiflis herum keinen einzigen Baum auf. Aber auch keine Spur von Bodenkultur. Sie sind öde Wüsteneien mit äußerst dürftiger Vegetation, der den letzten Rest zu geben Ziegenherden eifrigst bestrebt sind.

Die steigende Entwaldung vermehrt die Trockenheit des Klimas und damit die Gefahr von Missernten. Ehedem beugte man dieser Gefahr vor durch große Bewässerungsbauten. Wie in so vielen anderen Gegenden des Orients, in Ägypten, Mesopotamien, Zentralasien, gibt es auch in Georgien große Gebiete, die mit Hilfe künstlicher Bewässerung die reichsten Ernten geben, ohne sie unfruchtbar bleiben würden. Die Anlage von Bewässerungskanälen und Staubecken war eine wichtige Sorge der alten orientalischen Regierungen. Seitdem sind aber zu Herren dieser Gebiete aus der Steppe stammende Nomadenvölker geworden, die für die Wichtigkeit solcher Bauten kein Verständnis hatten und alle Kräfte ihrer Länder in kriegerischen Unternehmungen verbrauchten. Überall in jenen Gegenden sind im Laufe der letzten Jahrhunderte die Bewässerungsanlagen verfallen und ist damit Wohlstand und Kultur zurückgegangen. Für das 13. Jahrhundert berechnet man die Bevölkerung Transkaukasiens mit 16 Millionen. Sie beträgt heute kaum ein Drittel.

Aber auch dieses Drittel findet nicht genug Nahrung im eigenen Land. Georgien bedurfte steter Zufuhren von Weizen, die es aus dem benachbarten Südrussland leicht erhielt. Es bezahlte diese Zufuhr vornehmlich mit Tabak und Wein, die es in Überfluss produziert. Die russische Regierung förderte diesen Zustand, der den Interessen ihrer großen Getreideproduzenten entsprach, die so in Georgien einen nahen Markt fanden, auf dem sie ihren Getreideüberschuss absetzten und dafür zu billigem Wein und Tabak kamen. Nicht für den Getreidebau, wohl aber für den Weinbau hat die russische Regierung in Georgien viel getan. Auch die Kultur des Tees wurde durch sie gefördert. Wein, Tee, auch Oliven und Mandarinen, werden vielfach sorgfältig angebaut. Für sie gilt nicht der Hinweis auf die Rückständigkeit der Landwirtschaft. Jedoch für seine Ernährung war das Agrarland Georgien bei dem primitiven Charakter seiner Landwirtschaft nicht wenig auf einen auswärtigen Markt angewiesen. Krieg und Revolution mussten daher das Land aufs äußerste bedrängen. Der Bolschewismus hat Georgien von der südrussischen Kornkammer abgeschnitten und den Überschussprodukten des Landes den Zugang zu ihrem alten Absatzmarkt beengt. Gleichzeitig aber haben die Nachwehen des Krieges es bisher aufs äußerste erschwert, dass sich Georgien neue Absatzmärkte in Westeuropa erschloss und neue Getreidelieferanten in Amerika und Australien gewann. Daher die

Ernährungsschwierigkeiten, die wir in dem von Natur so reichen Lande finden, in dem über 80 Prozent der Bevölkerung von Landwirtschaft leben.

Zu der Rückständigkeit der Betriebsweise gesellt sich auch noch ein anderer Umstand, um den Ertrag der Landwirtschaft zu schmälern, indem er die Menge der ihr zur Verfügung stehenden Arbeitskraft verringert.

Diesen hemmenden Umstand bildet die *Malaria*, die namentlich in den fruchtbarsten Gebieten eine Geißel des Landes bildet und bei zahlreichen Einwohnern im arbeitsfähigsten Alter Kraft und Energie lähmt. Macht die Trockenheit große Bewässerungsbauten nötig, um die Fruchtbarkeit des Landes zu erhöhen, so wird anderseits die Malaria am besten bekämpft durch Trockenlegung der Sümpfe, die namentlich am Schwarzen Meer weite Strecken einnehmen. Nicht bloß die Arbeitskraft der Umwohner würde durch Zurückdrängung der Malaria erhöht, sondern auch neuer Kulturboden gewonnen. Ebenso wie die Bewässerungs- wurden auch die Entwässerungsbauten von der russischen Regierung sehr vernachlässigt.

4. Die Industrie

Kürzer als über die Landwirtschaft können wir uns über die Industrie fassen. Nicht deshalb, weil dies Gebiet weniger wichtig wäre, sondern weil es eine größere Industrie von Belang in Georgien nicht gibt. Kapitalistische Betriebe sind dort nur wenige zu finden, Handwerk in den zwerghaftesten Formen und Hausindustrie überwiegen, sowohl in der Textilindustrie – Teppich- und Tuchweberei – wie in der Metallindustrie. Es gibt zahlreiche, äußerst geschickte und geschmackvolle Kunsthandwerker, aber fast jeder arbeitet für sich allein.

Das Land erzeugt eine Fülle von Wolle und Seidenkokons. Es produziert auch etwas Baumwolle; in größerer Menge wächst sie im benachbarten Aserbeidschan und namentlich in Turkestan. Aber kein Großbetrieb verarbeitet dieses Rohmaterial. Die Eifersucht der Industriellen Großrusslands ließ eine derartige Konkurrenz nicht aufkommen. In der Hauptstadt Tiflis kann man noch jeden Moment Frauen Spazierengehen sehen mit der Handspindel in der Hand, mit der sie Wolle spinnen. Nicht nur die Spinnmaschine, sondern auch das Spinnrad ist für sie noch nicht erfunden.

Die größten Betriebe im Lande sind die Eisenbahnwerkstätten. Die Eisenbahn vom Schwarzen Meer nach Baku ist die Lebensader des Landes. Daneben kommt noch das Arsenal in Betracht sowie einige elektrische Stationen. Die übrigen größeren Betriebe sind fast alle Nebenbetriebe der Landwirtschaft – Kognakdestillerien, Ölmühlen; Gerbereien, Holzsägen. Dazu kommen noch Tabakfabriken, Ziegeleien, Seifenfabriken und dergleichen.

Außerhalb der eigentlichen Industrie bilden Großbetriebe einige Bergwerke. Merkwürdigerweise werden von den Kohlenlagern nur die minderwertigen in Tkvibuli abgebaut, die mit der Eisenbahn verbunden sind. Die weit bessere Kohle von Tkvartscheli wird noch nicht gewonnen. Deren Lager sind dem Schwarzen Meer sehr nahe, nur 40 Kilometer von ihm entfernt. Aber man müsste eine Eisenbahn hinbauen und den Hafen von Otschentschiry für größere Schiffe zugänglich machen. Das ist bisher nicht geschehen und so eine Quelle großen Reichtums für Georgien unerschlossen geblieben.

Diese Vernachlässigung erklärt sich durch die Nähe Bakus mit seinem immensen Petroleumreichtum. In doppelter Beziehung wurde Baku ökonomisch wichtig für Georgien.

Eine Röhrenleitung vereinigte die Petroleumquellen Bakus mit Batum, wo eine Petroleumraffinerie errichtet wurde und zahlreiche Schiffe sich zusammenfanden, um das Petroleum aufzunehmen. Batum erlebte dadurch eine fast amerikanische Blüte.

Auf der anderen Seite gewannen die Eisenbahnen und die Industrien Georgiens im Masut, den Petroleumrückständen, ein Heizmaterial, wie es billiger, wirksamer und bequemer nicht zu erreichen war. Dagegen kam die Kohle nicht auf.

Das hat sich geändert seit der Revolution. Die Kriegshandlungen im Kampfe der Bolschewiki mit der Entente haben nicht nur, wie wir schon gesehen, die russische Getreidezufuhr nach Georgien ebenso wie die Aussicht von Wein gehemmt, sie führten auch dazu, dass die Bolschewiki Baku besetzten und fast jede Ausfuhr von Petroleum nach Georgien unterbanden. Ohne Petroleum und Masut, bloß auf die schlechte Kohle angewiesen, ohne Licht und wirksame Feuerung, geriet die Bevölkerung Georgiens in eine höchst bedrängte Lage. Der Eisenbahnverkehr musste eingeschränkt werden und vollzog sich langsam und schleppend, da die Lokomotiven unter dem neuen Feuerungsmaterial sehr litten.

Auch der Handelsverkehr wurde dadurch beeinträchtigt. Er war sehr lebhaft gewesen, solange es Petroleum zu holen gab. Jetzt blieben die Industrieprodukte aus, deren Georgien bei dem Mangel an eigener Industrie bedurfte. Die Störungen des Handels, die der Krieg hervorgerufen hatte und die noch so lange nachwirken, wurden nicht durch die mächtige Anziehungskraft überwunden, die das Petroleum hätte ausüben können.

Der gesuchteste Ausfuhrartikel bleibt noch das Manganerz. Dieses war nicht auf den russischen Markt angewiesen. Von der einen Million Tonnen Erz, die Georgien 1913 ausführte, ging bloß 1 Prozent nach Russland, dagegen 38 Prozent nach Deutschland, 22 nach England, 17 nach Belgien. Seit dem Ausbruch des Krieges bis heute leidet die Ausfuhr sehr unter Transportschwierigkeiten. Diese Schwierigkeiten, die das jetzige Regime nicht geschaffen hat und deren Überwindung nur zum geringsten Teil von ihm abhängt, sie bilden neben der Rückständigkeit der Landwirtschaft die Hauptursachen der Notlage, die heute noch auf dem georgischen Paradies lastet.

5. Die Klassen

Wir haben gesehen, dass Georgien die Märzrevolution von 1917 noch als Teil des russischen Reiches mitmachte. Dann aber kam die bolschewistische Diktatur, und die begann sofort ihre abstoßende Wirkung auf die russischen Randstaaten zu äußern. Diese Bewegung ergriff auch Georgien. Am 26. Mai 1918 erklärte es seine Selbständigkeit. Seine Regierung war eine sozialistische. Damit ist jedoch nicht gesagt, dass das Land nun zu einer sozialistischen Produktion überging. Dazu waren in Georgien noch weniger die ökonomischen Grundlagen gegeben als in Russland, das trotz seines agrarischen Charakters doch eine starke Großindustrie entwickelt hatte.

Das Sozialistische an dem heutigen Regime in Georgien besteht darin, dass es von seinem industriellen Proletariat beherrscht wird. Wenn man will, kann man also auch hier von einer Diktatur des Proletariats sprechen. Wie in Russland, und noch mehr als in Russland, ist es die Diktatur einer Minderheit. Aber ganz anders als in Russland vollzieht sie sich auf der Grundlage der Demokratie, und ohne jeglichen Terrorismus, denn sie wird von allen Klassen willig getragen. Gemurrt wird wohl von allen Klassen, auch von der herrschenden. Das ist angesichts des schon gekennzeichneten Mangels einerseits an Brot, anderseits an Industrieprodukten, an Kleidern und Werkzeugen, an Feuerungsmaterial und, wie wir noch sehen werden, an Wohnungen, kein Wunder. Aber keine Partei tritt auf, die es sich vermessen würde, diesem Notstand wirksamer entgegentreten zu können, als die jetzige. So verdichtet sich die Unzufriedenheit nirgends zu dem Streben, die bestehende Regierung zu stürzen. Was als solches auftritt, entstammt nicht dem Land selbst, sondern wird durch ausländisches Geld angefacht und gewinnt trotz der reichlichsten Subventionierungen der kommunistischen Presse und der kommunistischen Vereine doch keinen in Einfluss.

Woher nun die wunderbare Erscheinung einer Diktatur des Proletariats auf demokratischer Grundlage in einem agrarischen Land ohne nennenswerte Industrie?

Die Grundlage aller Politik ist der Kampf der Klassen. Aber nicht jede Klasse besitzt die Veranlagung dazu, eine selbständige Politik zu treiben. Die drei großen führenden Klassen in der modernen Gesellschaft, von denen jede ihre besondere Klassenpolitik verfolgt, sind die Empfänger der Grundrente, des Kapitalprosits, des Arbeitslohnes. Sie bilden die drei großen grundlegenden Parteien, die wir in jedem modernen Land finden, die der Großgrundbesitzer oder Konservativen, der Kapitalisten oder Liberalen, der Proletarier oder Sozialisten. Aber zwischen diesen drei Klassen gibt es Zwischenstufen, die zu keiner selbständigen Klassenpolitik fähig sind, teils weil die Produktionsverhältnisse ihre Mitglieder zu sehr voneinander und von den Sitzen der Politik isolieren, was namentlich für die Bauern gilt. Teils weil ihre vermittelnde Stellung verschiedene Klasseninteressen gleichzeitig umfasst, wie dies bei den kleinen Handwerkern und ebenso bei den Bauern der Fall ist. Sie leben von ihrer Hände Arbeit, wie der Lohnarbeiter, und beziehen doch Einkommen von ihrem Besitz, wie der Kapitalist oder der Großgrundbesitzer. Sie sind weder bloße Arbeiter noch bloße Kapitalisten oder Grundbesitzer und fühlen sich einmal als das eine und einmal als das andere.

Als dritte dieser Zwischenschichten kommen die Intellektuellen in Betracht, die aus so heterogenen Elementen bestehen, dass sie höchsten zünftige Interessen, als Ärzte,

Advokaten, Professoren, Ingenieure, nie aber ein gemeinsames Klasseninteresse empfinden können. Über das zünftige Interesse hinaus werden sie stets Vertreter der Interessen einer anderen Klasse, deren Interesse ihnen gleichbedeutend mit dem allgemeinen gesellschaftlichen Interesse erscheint. Die einen schließen sich dem Großgrundbesitz, andere den Kapitalisten, wieder andere den Proletariern an. Und den Bauern und Kleinbürgern geht es ebenso. Die Versuche, besondere Bauern- oder Kleinbürgerparteien zu schaffen, haben noch stets damit geendet, dass diese Parteien fremden Klasseninteressen dienstbar wurden.

In Georgien finden wir nun die eigenartige Erscheinung, dass von den drei großen führenden Klassen bloß die eine vorhanden ist. Es gibt dort nach der Agrarreform von 1918 keinen Großgrundbesitz mehr. Es gibt aber auch noch keine Kapitalistenklasse von Belang. Den Kern einer kraftvollen selbständigen Kapitalistenklasse hat stets das industrielle Kapital gebildet. Gerade das fehlt in Georgien noch fast vollständig. Nur das Geld- und Handelskapital finden wir stärker vertreten. Doch ist es vielfach in ausländischen Händen, kann also direkt nicht in den Kampf der Parteien eingreifen.

So bleibt als einzige Klasse, die einer selbständigen führenden Politik fähig ist, das Proletariat. Aber es ist nicht einmal das ganze Proletariat Georgiens, das jene Fähigkeit besitzt. Wir finden in Georgien zwei scharf getrennte Arten von Proletariat, ein orientalisches und ein modernes. Im georgischen Proletariat sehen wir deutlich, dass wir hier an der Grenze zweier sehr verschiedener Welten stehen.

Das orientalische Proletariat, in Lumpen gehüllt, verdient in Wahrheit den Namen eines Lumpenproletariats. In größtem Elend lebt es von höchst zufälligem Erwerb. Keineswegs nur von Bettel und Diebstahl. Die Zahl der Bettler ist groß. Doch gibt es viele unter dem orientalischen Typus des Proletariats, die bloß von ihrer Hände Arbeit leben. Ohne jegliche Produktionsmittel, vielfach auch ohne jede technische Fertigkeit, verdienen sie ihr kärgliches Brot meist durch das Tragen von Lasten. Getreide, Holz, Gemüse und andere Produkte des flachen Landes werden von den Bauern auf Ochsenfuhrwerken und Eselrücken nach der Stadt transportiert. Der Lastentransport innerhalb der Stadt geschieht aber meist auf dem Rücken von Menschen. Ein Möbelwagen ist in Tiflis noch ein unbekanntes Ding. Wenn eine Familie ihre Wohnung wechselt, mietet sie 60 bis 80 Muschas (Lastträger), die die einzelnen Möbelstücke von Haus zu Haus tragen. Selbst Klaviere werden auf diese Art transportiert.

Die Proletarier dieser Art sind nicht organisiert und politisch indifferent. Es sind Proletarier derselben Art, wie wir sie im Altertum, zum Beispiel in Rom finden. Sie besitzen nicht die Fähigkeit zu einer führenden, selbständigen Politik.

Ihm steht gegenüber scharf geschieden das Proletariat der Lohnarbeiterschaft in den größeren Betrieben. Den Gegensatz zwischen antikem und modernem Proletariat haben Marx und Engels stets betont und gezeigt, warum aus dem antiken Proletariat keine kraftvolle sozialistische Bewegung hervorgehen konnte. Das hat freilich einen auf seinen echten Marxismus stolzen deutschen Privatdozenten und Vertreter des Bolschewismus nicht verhindert, im Athen des Perikles die erste Verwirklichung der Rätediktatur der Welt zu entdecken.

Den gewaltigen Unterschied der beiden Arten Proletariat, den wir bisher nur aus Büchern kannten, kann man in Tiflis mit den Händen greifen.

Die Lohnarbeiter der größeren Betriebe sind ganz von modernem Geiste erfüllt, vor allem die Eisenbahner, diese proletarische Elite in allen ökonomisch zurückgebliebenen

Ländern, in die der Kapitalismus einzudringen beginnt. Mit der Eisenbahn verbreitet sich modernes proletarisches Denken und Kämpfen in die fernsten Erdenwinkel.

Aber auch bei den anderen Mitgliedern dieser Art des Proletariats, die ich kennenlernte, merkte ich kaum einen Unterschied von denen des Westens, den Buchdruckern, Metallarbeitern, Arbeitern der Elektrizitätswerke, Tabakarbeitern, Lederarbeitern, den Handelsangestellten usw. Sie sind gut geschult und haben gelernt, sozialistisch zu denken, aber auch ökonomisch, so dass ihnen der Sozialismus nicht als eine bloße Frage der Macht, sondern auch der ökonomischen Bedingungen erscheint.

Außer in der sozialdemokratischen Partei sind sie auch in Gewerkschaften organisiert. Diese sind noch sehr jung. in der ersten Revolution bildeten sich wie in Russland so auch in Georgien zahlreiche Gewerkschaften, aber sie wurden in der Zeit der Reaktion unbarmherzig ausgerottet, mehr noch als im eigentlichen Russland, da Georgien immer wieder sozialdemokratische Abgeordnete in die Duma schickte. Erst seit der Märzrevolution 1917 konnten sich wieder georgische Gewerkschaften bilden.

Die ersten, die von der Möglichkeit Gebrauch machten, waren die Buchdrucker. Ihnen folgten die Handelsangestellten. Auf dem ersten Gewerkschaftskongress in Tiflis, Ende Dezember 1917, waren bereits 41 Gewerkschaften mit 29.000 Mitgliedern vertreten. Auf dem nächsten Kongress im April 1919 zählte man 85 Gewerkschaften, augenblicklich gibt es 113 mit 64.000 Mitgliedern. Der größere Teil der Lohnarbeiterschaft Georgiens, die etwa 100.000 Mitglieder, darunter 73.000 in den größeren Betrieben umfasst, ist demnach gewerkschaftlich organisiert. Die Gewerkschaften sind neutral, doch gehören ihre Mitglieder zu 95 Prozent der sozialdemokratischen Partei an. Diese selbst zählt, ein seltener Fall, mehr Mitglieder (80.000) als die

Gewerkschaften, da ihr außer den Gewerkschaftern auch noch intellektuelle und Bauern beigetreten sind. Die Partei verfügt über vier Tageszeitungen, fünf Wochenzeitungen und zwei Monatsrevuen; die Gewerkschaften geben zwei allgemeine Gewerkschaftsorgane heraus, daneben noch die Eisenbahner zwei besondere Blätter. Meist erscheint neben dem georgischen noch ein russisches Blatt.

Die Gewerkschaften sind nicht als Berufsvereinigungen, sondern als Industrieverbände organisiert. Doch ist das Prinzip noch nicht streng durchgeführt. Sie besitzen in Tiflis ein eigenes Haus und ein Theater- und Versammlungslokal, das Plechanoff-Haus, das die Arbeiterschaft mit großer Aufopferung jüngst selbst baute. Die Eisenbahner besitzen für ihre Gewerkschaft ein besonderes Gebäude. Die Bestimmungen und Einrichtungen der Gewerkschaften sind ganz westeuropäisch. Nur erscheinen sie mir noch etwas an Zersplitterung zu leiden. Aber eine Bewegung, die erst drei Jahre alt ist, vermag nicht gleich vollkommen zu sein. Vielleicht ist es aber gerade der Jugend der Organisationen zu verdanken, dass der Geist, der sie durchweht, in keiner Weise ein beschränkter, zünftiger ist, der Sinn für das Ganze sie mächtig beherrscht, und zwar nicht nur der Sinn für die Gesamtinteressen der Lohnarbeiterschaft, sondern auch der für die der Gesellschaft.

Dies zeigen sie zum Beispiel in ihrer Stellung gegenüber dem Streik. Sie betrachten ihn als die stärkste Waffe im proletarischen Klassenkampf. Wie hoch sie ihn schätzen, bezeugt die Tatsache, dass sie die Festlegung des Streikrechts in der Verfassung fordern. Aber sie sind sich dessen bewusst, dass sie diese furchtbare Waffe nur im äußersten Notfall anwenden dürfen.

Der gegenwärtige Zustand der allgemeinen ökonomischen Erschöpfung erscheint ihnen als höchst ungeeignet für einen Streik, der nicht dringend geboten ist. Er stört die Produktion, vermindert die Zahl der Produkte und vermehrt so das Elend des Proletariats. Die Produktion zu steigern, ist das höchste Gebot. Unter diesen Umständen halten die Gewerkschaften auch Akkordlöhne und Prämiensystem für zulässig. Auf ihren Vorschlag ist im Arbeitsministerium eine paritätische Tarifkammer eingerichtet, in die Arbeiter wie Unternehmer je zehn Vertreter entsenden. Präsident ist der Arbeitsminister, augenblicklich ein Arbeiter, der Genosse Eradse. Dieses Tarifamt hat die Bewegung der Lebensmittelpreise und der Arbeitslöhne zu verfolgen, Beschwerden von Arbeitern zu prüfen, Kollektivverträge zu diskutieren und ihren Abschluss herbeizuführen, endlich bei Streitigkeiten zwischen Arbeitern und Unternehmern als Vermittler zu fungieren.

Es ist diesem Amt bisher gelungen, dem Ausbruch eines jeden offenen Konflikts vorzubeugen Seit seinem Funktionieren, das im Mai 1919 begann, haben es die Gewerkschaften Georgiens nicht nötig gehabt, auch nur einen Streik herbeizuführen, obwohl kein Verbot sie, wie jetzt im bolschewistischen Russland, daran gehindert hätte. Darin steht Georgien wohl einzig da.

Erleichtert wurde das Absehen von Streiks, außer durch das Tarifamt und ausgiebigen Arbeiterschutz, namentlich den Achtstundentag, auch durch die Sorge der Regierung für die Ernährung der Arbeiter. Sie liefert ihnen wichtige Lebensmittel, so Brot und Salz- zu niedrigen Preisen, für jeden Arbeiter und jedes Familienmitglied ein bestimmtes Quantum. Die Differenz zwischen den Selbstkosten der Regierung und dem Verkaufspreis hat der Unternehmer zu zahlen, der den Arbeiter beschäftigt. Dieses eigenartige System einer mit den Lebensmittelpreisen wechselnden gleitenden Lohnskala funktioniert ganz gut.

Die Lohnarbeiter sind die einzige organisierte, festgeschlossene Klasse in Georgien. Sie wissen genau, was sie wollen. Sie kennen nicht nur ihre Sonderinteressen, sondern auch das Gemeininteresse der Gesellschaft und lassen sich davon leiten.

Sie bekommen dadurch Einfluss aus den besten Teil der zahlreich vorhandenen Intelligenz, Lehrer, Ärzte, Techniker, Künstler – Tiflis ist eine sehr kunstliebende Stadt – Advokaten usw. Der revolutionäre Teil der Intelligenz war schon während des Kampfes gegen den Zarismus sozialistisch gesinnt.

Unter den 102 Mitgliedern der Sozialdemokratischen Fraktion der Konstituante sind 32 Arbeiter, die anderen Intellektuelle: 20 Lehrer, 14 Journalisten, 13 Juristen, 7 Ärzte, 3 Ingenieure und 13 städtische Beamte. Fast alle aber sind gewählt von Bauern. Diese bilden ja über 80 Prozent der Bevölkerung und die sozialdemokratischen Abgeordneten beinahe 80 Prozent (102 von 130) aller Gewählten.

Auf dem Lande erhielten die Sozialdemokraten bei den Wahlen zur Konstituante, Februar 1919, 82 Prozent aller abgegebenen Stimmen (bei einer Wahlbeteiligung von 76 Prozent). In den Städten nur 72 Prozent (bei einer Wahlbeteiligung von bloß 52 Prozent). Dass gerade die Bauern so sehr sozialdemokratisch wählten erklärt sich zum Teil daraus, dass der Zwergbetrieb auf gepachtetem Boden in Georgien vorherrschte. Die Bauern können zumeist von der Landwirtschaft allein nicht leben, viele von ihnen müssen als Wanderarbeiter in zeitweiser Lohnarbeit eine Ergänzung ihres dürftigen Einkommens suchen. Es war nicht schwer, solchen Elementen proletarisches Denken beizubringen. Dazu kam, dass die Sozialdemokratie die Enteignung des Großgrundbesitzes tatkräftig in die Hand nahm. So erwies sich die industrielle Lohnarbeiterschaft als der beste Anwalt des kleinen Bauern.

Die Sozialisten hätten aber nicht ihren beherrschenden Einfluss aus die Gemüter der revolutionären Bauernschaft erlangt, wenn sie gespalten wären. Sie konnten nur deshalb mit den Mitteln der Demokratie, ohne Terrorismus, herrschen, weil sie einig waren, mit erdrückender Mehrheit im gleichen Lager standen, im menschewistischen. Dadurch unterschied sich Georgien fundamental von Russland.

Auch die Sozialisten Russlands beherrschten die Gemüter der Bauern und hätten mit den Mitteln der Demokratie regieren können, wenn sie einig waren oder die Bolschewiki sich hätten entschließen können, mit den Menschewiki und der Gesamtheit der Sozialrevolutionäre zusammen eine Koalitionsregierung zu bilden. Nicht zur Niederhaltung der Kapitalisten brauchten sie die Abschaffung aller demokratischen Rechte der Volksmassen, sondern zur Niederhaltung der anderen Sozialisten. Um diesen Tatbestand zu verdecken, wurden Menschewiki und rechte Sozialrevolutionäre von den Bolschewiki prompt zu Lakaien der Bourgeoisie und Gegenrevolutionären gestempelt.

So beruhte das bolschewistische Regiment von seinen Anfängen an auf einer Lüge, und das ist bestimmend geworden für seine ganze weitere Politik.

Die ganz anderen Verhältnisse und die ganz andere Politik in Georgien haben es bewirkt, dass die kleine Minderheit des industriellen Lohnproletariats auf dem Boden der Demokratie und ohne jeglichen Terror die politische Herrschaft über das Land errungen und bis zum Februar dieses Jahres erfolgreich ohne schwere innere Kämpfe behauptet hat.

6. Die soziale Revolution

Die wichtigste Ausgabe des neuen Regimes bildete die Beseitigung der Überreste des Feudalismus. Etwas später als in Russland, 1864 bis 1870, war in Georgien die Aufhebung der Leibeigenschaft und die Schaffung einer freien Bauernschaft eingetreten. Wie in Russland war dies in einer Weise geschehen, bei der der Bauer an Land verlor. Von dem Boden, den er als Leibeigener gehabt, bekam er nur einen kleinen Teil als Eigentum. Das meiste und beste blieb den Feudalherren, von denen der Bauer den Boden pachten musste, wenn er leben wollte. So bildete sich ein Zwergpächtertum, ähnlich dem irischen und süditalienischen, das jede rationelle Landwirtschaft unmöglich machte und bei dem der Landmann eine elende Existenz fristete.

Die Revolution musste den Feudalherren den Boden nehmen, die landarmen Bauern mit Land versorgen, die Pächter in Eigentümer verwandeln. Das war keine sozialistische, sondern eine bürgerliche Revolution, aber eine durch die Verhältnisse gebotene, und darauf kommt es an. Gerade dadurch unterscheiden wir Marxisten uns ja von den utopistischen Sozialisten, dass wir anerkennen, der Sozialismus sei nur unter bestimmten Umständen möglich. Was wir aber stets zu tun hätten, sei das unter den jeweiligen Umständen Gebotene.

Die Agrarrevolution war durch ähnliche ländliche Verhältnisse geboten wie in Russland. Sie kam daher in der Demokratie auf ein ähnliches Verhältnis hinaus, wie unter der Diktatur. Aber sie vollzog sich unter jener weniger wild, weniger chaotisch und zerstörend und weniger zum Son-

37

dervorteil einzelner begünstigterer oder rücksichtsloserer Bauernschichten, ruhiger, systematischen zielbewusster.

Die Agrarreform wurde eingeleitet durch ein Dekret vom 16. Dezember 1917 der ersten provisorischen Regierung in Transkaukasien (Georgien, Aserbeidschan, Armenien), die sich nach dessen tatsächlicher Loslösung von Russland bildete, des transkaukasischen Kommissariats. Dem transkaukasischen Parlament, das im Februar 1918 zusammentrat, wurde dann von der Sozialdemokratischen Fraktion ein Agrargesetz vorgeschlagen und am 7. März angenommen. Es galt für ganz Transkaukasien. Aber nur in Georgien, von dem sich Armenien mit Aserbeidschan bald loslösten, kam es zur Durchführung. Es enteignet jeden größeren Grundbesitzer. Keine Entschädigung wird ihm gezahlt, doch wird jedem so viel Land gelassen, als er mit seiner Familie bewirtschaften kann, also ein mittleres Bauerngut. Das Maximum an Bodenbesitz einer einzelnen Familie darf nicht übersteigen 7 Dessjatinen (1 Dessjatine umfasst etwas mehr als 1 Hektar) Garten- oder Weinland, 15 Dessjatinen Ackerland oder 40 Dessjatinen Weideland. Alter Bodenbesitz über dieses Ausmaß hinaus wird vom Staate in Besitz genommen und daraus ein Landfonds gebildet. Gut geleitete, intensive Großbetriebe werden möglichst erhalten und entweder vom Staate bewirtschaftet oder den Provinzialvertretungen (Erobas) zur Bewirtschaftung übergeben. Der weitaus größere Rest an Garten- und Ackerland wird zur Vergrößerung des Besitzes landarmer Bauern verwendet. Der Bauer, der bisher Pächter war, bekommt das Land, das er bearbeitet, zum Eigentum. Das Weideland wird hauptsächlich zu Gemeindeweiden verwendet.

Das Gesetz vom 7. März 1918 wollte bewirken, dass der Boden des Landfonds an die landarmen Bauern vom Staate nur verpachtet werde. Doch ein neues Gesetz vom 29. Jänner 1919 bestimmte, dass ihnen das Staatsland zu mäßigem Preis zu verkaufen sei. Das ist sicher weniger sozialistisch, wurde jedoch unter dem Druck der Bauernschaft wohl unvermeidlich. Auch erwartet man, dass der Bauer, der sein Land besitzt, eher zu Verbesserungen und einer rationellen Kultur übergehen wird als der bloße Pächter. Der Bolschewismus musste sich ebenfalls mit dieser Lösung abfinden. Wir stehen eben in Georgien wie in Russland ökonomisch dort, wo Frankreich zu Beginn seiner großen Revolution stand. Ganz frei ist indes der bäuerliche Besitz in Georgien nicht. Bei jedem Bodenverkauf steht dem Staate das Vorkaufsrecht zu. Rund zwei Millionen Dessjatinen, Garten- und Ackerland, Weiden und Wälder, wurden in dieser Weise enteignet. Das kultivierte Land betrug davon rund eine halbe Millionen Dessjatinen. Das Weideland fast eine Million. Dazu kam das Eigentum des alten russischen Staates und der zarischen Familie an Wäldern und Domänen. So wurde der georgische Staat Besitzer einer ungeheuren Waldfläche. Mit den Waldungen, die ehemals dem russischen Staate oder der Zarenfamilie gehört hatten, zusammen macht der gesamte s Waldboden Georgiens ungefähr 2 Millionen Dessjatinen aus. Diese ganze Fläche, die mehr als ein Drittel des ausbeutungsfähigen Bodens des Landes umfasst, 2 von 5½ Millionen Dessjatinen, verbleibt in den Händen des georgischen Staates und wird von ihm bewirtschaftet[8].

Dazu kommen neben den großen Musterbetrieben, die der Staat entweder selbst verwaltet oder durch die Erobas verwalten lässt, die zahlreichen Mineralquellen, darunter manche, wie die von Borschom mit einem reichen technischen Apparat. Auch sie sind in die Hände des Staates übergegangen. Ebenso sind alle Wasserkräfte vom Staat mit

---

8   Vergleiche außer Woytinsky darüber noch Em. Kuhne, *La Georgie Libre. Sau Passé, son Présent, son Arenir*. Paris, Genf, 1920. Seite 59 ff.

Beschlag belegt. Diese werden in der Zukunft einen ungeheuren Reichtum bilden. Man veranschlagt ihre durchschnittliche Leistungsfähigkeit auf 2½ Millionen Pferdekräfte. Doch nur 3400 werden tatsächlich ausgebeutet. Auch die Hafenanlagen gehören dem Staat und endlich, was besonders wichtig, ist er durch die Revolution zum Herrn des gesamten unterirdischen Reichtums des Landes geworden. Doch verfügt er bisher noch nicht über das nötige Personal und den Apparat, um selbst alle Bergwerke mit Vorteil bewirtschaften zu können. Die Kohlenfelder von Tkvibuli werden direkt vom Staat ausgebeutet. Andere Bergwerke sind verpachtet. So die Mangangruben von Tschiaturi sowie die Kupferbergwerke von Allaverdi, die von einer französischen Gesellschaft und die bei Batum, die von einer deutschen (Schuckert) betrieben werden.

Nicht so energisch und zielbewusst wie in der Urproduktion konnte die Nationalisierung in den verarbeitenden Industrien betrieben werden. Sie sind noch fast durchweg in einem Stadium, das für den Staatsbetrieb sehr wenig geeignet ist. Nur vereinzelte Unternehmungen unter ihnen sind verstaatlicht worden, nicht aus prinzipiellen Erwägungen heraus, sondern aus besonderen Gründen. Im allgemeinen wird man sagen können, dass alles verstaatlicht worden ist, was sich unter den gegebenen Verhältnissen verstaatlichen lässt und weiter vorläufig nicht gegangen werden kann.

Nach einer Statistik des Arbeitsministeriums zählte man 1920 in den industriellen Großbetrieben Georgiens 73.486 Arbeiter. Davon 38.743 (52,7 Prozent) in den Staatsbetrieben, 20.592 (28 Prozent) in Gemeinde-, Genossenschafts- und Provinzialbetrieben und nur 14.151 (19,3 Prozent) in Privatbetrieben. Man sieht, wie wenig zurzeit in Georgien die privaten Großbetriebe bedeuten.

Im Handel hat man einige Monopole für den Export eingeführt wie Mangan, Tabak, Seide und Wolle. Das sind mehr fiskalische als sozialistische Maßnahmen. Ihre Bewährung bleibt abzuwarten. Für den Exporthandel ist die staatliche Bürokratie in der Regel so ungeeignet wie möglich: die georgische ist überdies noch sehr jung, und die Traditionen, die ihre Vorgängerin hinterlassen hat, die zaristische Bürokratie, sind möglichst schlecht. Dabei ist gerade jetzt der Weltmarkt so unübersichtlich wie nur je.

Im Handel wie in der Industrie sind zahlreiche Neugründungen notwendig, soll Georgien ökonomisch gedeihen. In dem Stadium, in dem es sich befindet, wird für derartige Gründungen das private Kapital nicht zu entbehren sein.

Bei diesem ökonomischen Neuaufbau können aber auch Provinzen, Gemeinden und Genossenschaften eine große Rolle spielen. Ihre Verwaltungen sind beweglicher und einer größeren Initiative fähig als der schwerfällige Wirtschaftsapparat des Staates.

Die Revolution hat Georgien die volle Selbstverwaltung der Gemeinden und Provinzen gebracht. Diese Selbstverwaltung war ganz neu zu schaffen an Stelle der zentralisierten bürokratischen Bevormundung von oben. Es fehlte an allen Erfahrungen, vielfach auch an geeigneten Kräften. Trotzdem entfalten die jungen Institutionen ein kräftiges Leben. Und sie haben sich bereits darangemacht, eigene Wirtschaftsbetriebe zu schaffen. Wir haben schon gesehen, dass einige landwirtschaftliche Großbetriebe den Provinzen zugewiesen wurden. Daneben haben die Provinzialversammlungen (Erobas) eigene Apotheken geschaffen. Von ihnen eingerichtet oder geplant sind Mühlen, Sägewerke, Spinnereien und andere Unternehmungen zur Verarbeitung und Verwertung der Rohprodukte der Provinz. Auch Entwässerungs- und Bewässerungsarbeiten sind von ihnen in Angriff genommen. Ebenso die Regelung des ärztlichen Dienstes. Die 21 Erobas haben sich zu einer Union zusammengeschlossen, die Kongresse abhält zum Austausch von Erfahrungen, zum Anhören von Sachverständigen. Die Union hat auch eine Kommission von erfahrenen Fachleuten eingesetzt, die die einzelnen Provinzialbetriebe überwachen und mit Ratschlägen unterstützen.

Diese Einrichtungen sind alle noch zu neu, als dass man ein abschließendes Urteil über sie fällen könnte. Aber sie sind von eifrigem Leben erfüllt, und die Richtung, die sie eingeschlagen haben, ist schon vielversprechend.

Das gleiche gilt vom Genossenschaftswesen. Von vielen Sozialisten wird es unterschätzt. Mit Unrecht. Diese Unterschätzung rührt daher, dass bürgerliche Harmonieapostel es als Allheilmittel hingestellt hatten, die Übel des Kapitalismus zu kurieren. Das ist Unsinn. Mit den großen kapitalistischen Monopolen kann nur die Staatsgewalt fertig werden, nur eine vom Proletariat beherrschte Staatsgewalt. Aber auf Gebieten, auf denen der monopolistische Charakter des Kapitals noch wenig zur Geltung kommt, kann allerdings die industrielle Produktion der Organisationen von Konsumenten imstande sein, sozialistische Produktionsbedingungen zu schaffen, wenn diese Konsumentenorganisationen von sozialistischem Geist erfüllt, also in den Händen bewusster proletarischer Klassenkämpfer sind.

Die Konsumgenossenschaften können in diesem Sinne besonders wichtig werden in Ländern, deren Industrie noch unentwickelt ist, die aber doch schon ein klassenbewusstes Proletariat aufweisen. Die Genossenschaften vermögen sich dort die Bauernschaft einzuverleiben, die noch nicht in bewussten Gegensatz zum Proletariat getreten ist, wie in Westeuropa, und ihre Kaufkraft dem Ausbau einer genossenschaftlichen Industrie dienstbar zu machen, die neben der kapitalistischen ersteht und deren Herrschaft über Arbeiter und Konsumenten einschränkt und mildert.

In einem Lande wie Russland können so die Genossenschaften für den proletarischen Klassenkampf und den Aufbau des Sozialismus noch ungeahnte Bedeutung bekommen Das gleiche gilt für Georgien. Die Anfänge seines Genossenschaftswesens fallen noch in die zaristische Zeit; aber erst seit der Revolution konnte es sich frei entwickeln und nahm es raschen Aufschwung.

Schon im Mai 1916 hatten sich 126 Konsumgenossenschaften Transkaukasiens (Georgien, Aserbeidschan und Armenien) zu einer Union, einer Großeinkaufsgesellschaft zusammengeschlossen. 1917 umfasste diese Union bereits 565, 1919 in Georgien allein 989 Genossenschaften mit rund 300.000 Mitgliedern.

Die Union der Genossenschaften hat im Jahre 1919 mit der Eigenproduktion begonnen, eine Seifenfabrik ist gegründet, eine Wurstfabrik, mechanische Werkstätten, die auch Geräte für die Landwirtschaft produzieren, dann eine Fabrik von Gemüse- und Fruchtkonserven, endlich eine Druckerei. Keine dieser Unternehmungen arbeitet mit einem Defizit, die meisten erzielen Überschüsse.

Es ist nur von Vorteil, dass die Genossenschaften bei ihren produktiven Gründungen langsam und behutsam vorgehen. Das stürmische Tempo, das dem revolutionären Temperament entspricht und am Platze ist bei der Eroberung feindlicher Machtpositionen, ist bei der Begründung ökonomischer Organisationen nicht vorteilhaft. Hier heißt es umsichtig vorbereiten, nur auf gesichertem Boden vorwärts marschieren und nicht weiter gehen, als die verfügbaren Kräfte es gestatten. In der Ökonomie geht es nicht so wie im Krieg, wo eine stürmische Offensive oft den besten Erfolg erzielt – freilich auch da nicht immer. Die bolschewistische Methode, die die sozialistische Neuorganisation des Produktionsprozesses als ein Problem der Kriegführung betrachtet, muss in der Regel versagen. Übereiltes

Vorgehen führt in der Ökonomie stets zu Misserfolgen, zu Rückschlägen, die unter Umständen das Ganze gefährden können und ungeheures Lehrgeld kosten.

Die georgische Methode der Sozialisierung ist bei aller Energie doch von Übereilungen und Rückschlägen frei geblieben. Und dank ihrer Begründung durch die Demokratie hat sie sich auch von jenem Staatssozialismus und Kasernensozialismus ferngehalten, der durch straffe Zentralisierung des gesamten Produktionsprozesses und seine Unterwerfung unter die Diktatur eines kleinen Kollegiums unter Ausschluss aller Selbstverwaltung die gesellschaftliche Produktion herbeizuführen wähnt.

Unsere georgischen Genossen wissen, dass wie nach Rom, so auch zum Sozialismus viele Wege führen. Dass die gesellschaftliche Produktion von den verschiedensten Punkten aus in Angriff zu nehmen ist. Dass die staatliche Produktion nur einen dieser Ausgangspunkte bildet. Und endlich, dass die sozialistische Produktion unmöglich ist ohne freieste Entfaltung der Fähigkeiten der Arbeitenden, was nur erreichbar ist durch volle Freiheit der politischen Parteien, volle Freiheit der Gewerkschaften und Genossenschaften, der Provinzen und der Gemeinden. Die Einschnürung aller dieser Einrichtungen in das Prokrustesbett einer sie alle bedrückenden und lenkenden zentralistischen Diktatur ist der Tod für jede Art des Sozialismus, die eine Befreiung des Proletariats bedeuten will. Und nur eine solche Art des Sozialismus können wir anstreben.

Diese volle Freiheit und Entfaltungsmöglichkeit der Fähigkeiten des einzelnen Arbeiters und seiner ganzen Klasse wird gegeben durch die Demokratie und allein durch sie.

Die Kommunisten glauben, eine tiefe Weisheit zu verkünden, wenn sie von der „Formaldemokratie" sprechen. Sie belehren uns, dass die Gleichheit der Staatsbürger in der Demokratie nur eine formale sei, da die ökonomische Ungleichheit dadurch nicht aufgehoben werde. Dass die bloße Abgabe eines Stimmzettels eine leere Form bedeute, da die ökonomischen Machtverhältnisse dadurch nicht berührt würden. Das alles haben wir freilich schon gewusst zu einer Zeit, als die heutigen Kommunisten noch in den Windeln lagen. Das hat uns nicht abgehalten davon, für die Demokratie zu kämpfen. Denn sie bedeutet die Freiheit des Forschens, des Diskutierens, des Propagierens; die Freiheit der Versammlungen, der Koalitionen und Organisationen: vollste Anteilnahme an der Selbstverwaltung der Gemeinden, der Provinzen, an der Gesetzgebung des Staates, an der Kontrollierung und Bestimmung der Regierung.

Nur ein Narr kann behaupten, dass alle diese Freiheiten und Möglichkeiten bloß formaler Natur seien und an der Lage, den Fähigkeiten und Kräften des Proletariats und der werktätigen Massen überhaupt nichts änderten.

Die Kommunisten selbst erkennen in lichten Momenten die Wichtigkeit der Demokratie an, glauben aber, sich dadurch zu helfen, dass sie sagen, das Proletariat bedürfe der Demokratie – trotzdem sie in ihren Augen ein Herrschaftsinstrument der Bourgeoisie ist – nur so lange, als die Bourgeoisie herrscht. Sobald aber das Proletariat die Herrschaft erobert hat, hört nach der kommunistischen Lehre die Demokratie auf, ein Mittel der Entwicklung der proletarischen Kräfte und Fähigkeiten zu sein. Sie wird dann eine Gefahr für das Proletariat; dieses hat von da an auf jede Selbstständigkeit zu verzichten und sich willenlos der unbeschränkten Herrschaft der Regierung zu unterwerfen, die es an die Macht gebracht hat. Nur das kämpfende Proletariat bedarf nach dieser Auffassung der Demokratie, das herrschende bedarf eines Absolutismus, der sich von dem zaristischen bloß dadurch unterscheidet, dass er kommunistisch aufgeklärt ist. Man darf sich bass wundern, dass eine derartige Lehre außerhalb Russlands noch Gläubige finden kann. Aber man darf nicht vergessen, dass der aufgeklärte Absolutismus Russlands es seit jeher verstanden hat, naive Gewitter in Westeuropa mit Enthusiasmus für seine sozialen Absichten, und Leistungen zu erfüllen, namentlich in Frankreich.

Wenn ein Diderot und ein Voltaire sich für Katharina ll. begeisterten, warum sollten die weit weniger gewitzigten Eachin und Loriot nicht die Potemkinschen Dörfer des Bolschewismus für bare Münze nehmen und nicht in der Diktatur der Moskauer Parteileitung über Europa den Weg zur Befreiung des Proletariats und zum Ausstieg der Menschheit erblicken?

Lange kann diese Illusion freilich nirgends währen.

7. Die Verlegenheiten des Staatswesen

So begünstigt auch Georgien durch die Natur ist und so rationell die demokratische Methode seiner sozialistischen Regierung, so ist doch seine augenblickliche Lage nichts weniger als glänzend.

Die Hauptursachen seiner Notlage haben wir schon kennengelernt. Sie liegt in der Abhängigkeit des georgischen Wirtschaftslebens vom Ausland. Ohne Einfuhr nicht nur von Industrieprodukten, sondern auch von Getreide, und einer entsprechenden Ausfuhr der eigenen Produktion an Mangan, Kupfer, Tabak, Wolle, Seide, Wein kann es nicht existieren. Der Krieg hat die alten Handelsverbindungen zerrissen. Und an den Grenzen Georgiens dauert der Krieg bis heute fort und erschwert jeglichen Verkehr mit dem Ausland, was in einer Zeit doppelt ins Gewicht fällt, in der der Weltverkehr durch die Nachwirkungen des Krieges und allgemeines Misstrauen noch immer an jeder Grenze auf hemmende Maßregeln stößt, die geradezu lächerlich wären, wenn sie nicht den Ruin der Völker nach sich zögen.

Die georgische Regierung ist nicht imstande, aus eigener Kraft diesen verderblichen internationalen Zustand aufzuheben und so muss das Volk Georgiens ebenso wie so viele andere Völker unter ihm leiden.

Am meisten davon werden die Bewohner der Hauptstadt Tiflis betroffen. Bis zur Revolution war sie das politische Zentrum von ganz Kaukasien gewesen, eines Gebiets, das etwa 10 Millionen Menschen barg. Heute bildet es bloß die Hauptstadt des kleinen Georgien mit 3 Millionen Einwohnern. Dieses Ländchen allein soll jetzt die 400.000

Bewohner von Tiflis ernähren. Das wäre selbst bei ungehindertem Weltverkehr nicht einfach gewesen, die Aufgabe gestaltet sich furchtbar bei dem eingeschränkten Verkehr.

Dazu kommt, dass Tiflis, weit entfernt, an Einwohnern abzunehmen, vielmehr eine starke Zuwanderung aufweist. Denn bei aller Notlage sind seine Zustände paradiesisch, verglichen mit denen der Nachbarn: Armeniens, Aserbeidschans, Russlands, wo der Bolschewismus haust, nicht bloß mit Hunger und Elend, sondern auch mit düsterem Schweigen und ewigem Zittern, mit dem Mangel jeglicher Press- und Redefreiheit, mit Spitzelwirtschaft, Denunziationen, willkürlichen Verhaftungen und Erschießungen, blutrünstiger Rohheit und Grausamkeit. Wer kann, flieht aus dieser Hölle, die Gegenrevolutionäre nach Europa, die Arbeiter aus den Städten in die Dörfer, viele demokratische und sozialdemokratische Intellektuelle und qualifizierte Arbeiter nach Tiflis. Selbst Bolschewiki suchen dort zeitweise eine Zuflucht, um sich vom Kommunismus zu erholen. Das geistige Leben der Stadt erfährt durch diese Zuwanderung mannigfache Anregungen. Bedeutende Gelehrte und Künstler finden sich hier aus Russland zusammen. Aber die Wohnungsnot wird dabei unendlich vergrößert.

Die Wohnungsnot ist neben der Teuerung die allgemeinste Folgeerscheinung des Krieges. Selbst in New York ist sie zu finden. Der Krieg hat so viel Kapital, so viel Produktivkräfte verbraucht, dass man mit dem Rest einstweilen nur mühsam von der Hand in den Mund lebt. Man hat nicht Geld und Kraft für Anlagen, die sich nur langsam, nach vielen Jahren, amortisieren. Vor allem nicht für Bauten. Die ganze Bautätigkeit stockt. Dabei wurden während des Krieges auf den verschiedenen Kriegsschauplätzen zahlreiche Behausungen zerstört, ihre Bewohner in Gegenden vertrieben, die der Krieg verschont ließ. Dort reichen jetzt die nicht vermehrten Wohnungen nicht mehr aus. Dabei hat in allen Ländern, die nicht am Krieg teilnahmen, der natürliche Bevölkerungszuwachs die Volkszahl vermehrt. Daher auch dort eine Wohnungsnot.

Sie ist also keineswegs auf Tiflis beschränkt, sie wird aber ebenso wie der Mangel an Nahrung von der kommunistischen Propaganda hier der sozialdemokratischen Regierung aufs Schuldkonto geschrieben. Man rechnet dabei auf die ganz Naiven, die nicht wissen, dass in Russland nicht bloß Teuerung, sondern die entsetzlichste Hungersnot herrscht. Die Wohnungsnot nimmt allerdings in vielen seiner Städte ab. In Petersburg stehen Tausende von Wohnungen leer. Denn von der Bevölkerung Petersburg ist ein Drittel teils verhungert, teils erfroren oder Seuchen oder der Tschreswitschaika (der außerordentlichen Kommission) zum Opfer gefallen. Ein Drittel ist auf die Dörfer geflohen, das letzte Drittel fristet noch ein angstvolles Dasein in der Stadt.

Auf diese Art die Wohnungsfrage zu lösen, werden die Arbeiter Georgiens gern verzichten. Die Wiederherstellung geordneter Verhältnisse, das Aufhören der Bürgerkriege und des Terrorismus, die Verbesserung der materiellen Lebensbedingungen kurz, die Herstellung georgischer Zustande bei den Nachbarn, in Armenien, Aserbeidschan, Russland würde die Zahl der Flüchtlinge in Tiflis erheblich reduzieren und der Wohnungsnot ein Ende machen.

Sehr behindert wird der Bau neuer Häuser in Georgien wie auch sonst in der Welt durch den Mangel an langfristigem Kredit. Der hängt mit dem allgemeinen Kapitalmangel zusammen, aber auch mit dem trostlosen Zustand der Valuta.

Hier ist augenblicklich der wundeste Punkt des georgischen wie so manches anderen Staatswesens zu finden. Der georgische Rubel ist heute bereits in Gold weniger wert, als ehedem eine Kopeke war. Freilich steht er immer noch hoch über dem Rubel der russischen Sowjetrepublik.

Die Hauptursache des Fallens des Rubelkurses liegt in Georgien wie in den anderen Ländern, die ein Sinken ihres Geldwertes zu verzeichnen haben, in der Inflation, in der übermäßigen Produktion von Papiergeld. Die Revolution hat die Einnahmen des Staates zunächst sehr herabgesetzt. Die korrupte und dem Volke feindliche alte Staatsverfassung war gründlich zu reformieren, was bei dem Mangel an heimischen geschulten Kräften nicht einfach war. Nicht immer klappte der neue Staatsapparat. Der befreite Bauer gewöhnt sich nur langsam daran, Steuern zu zahlen, die Zölle bringen beim Daniederliegen des Handels nicht viel ein. Der Staatsbesitz müsste, sobald er einmal richtig ausgebeutet wird, allein genug bringen, um die Staatsausgaben zu decken und alle Steuern überflüssig zu machen. Das Budget von 1919/20 veranschlagte die Staatseinnahmen auf 749 Millionen Rubel, davon rechnete es auf 574 Millionen Rubel, 76 Prozent, Einnahmen aus dem Staatsbesitz. Doch hat der Krieg auch die Staatsbetriebe arg in Verwirrung gebracht und ihre Erträgnisse beeinträchtigt. Die vom alten Regime übernommenen großen Landgüter liefern allerdings Überschüsse, doch nicht sehr hohe. Die Eisenbahn war vor dem Kriege eine der wenigen russischen Staatsbahnen, die einen Reinertrag lieferte. Wegen des Ausbleibens des Masuth und der großen Abnutzung des Materials durch den Krieg, endlich wegen des Stockens des Handels musste sie den Verkehr so reduzieren, dass sie knapp die laufenden Betriebsausgaben deckt, Neuanschaffungen nur aus Staatszuschüssen machen kann. Und es ist viel anzuschaffen!

Die Hauptmasse des georgischen Staatsbesitzes an Wäldern und Bergwerken ist aber noch überhaupt nicht in Ausbeutung genommen und erheischt zunächst große vorbereitende Ausgaben, namentlich für Straßen und Eisenbahnen, um überhaupt in Betrieb gesetzt werden zu können.

So liefert ein großer Teil des Staatsbesitzes zunächst keine Einnahmen, sondern erfordert Ausgaben. Gleichzeitig wuchsen auch enorm die sonstigen Staatsausgaben.

Es galt nicht bloß, die ungeheuren Schäden des Krieges wieder gutzumachen. Man stellte noch besondere Anforderungen an die Regierung. weil sie eine sozialistische war. Eine sozialistische Regierung soll nicht bloß die Wege eröffnen zur Entwicklung sozialistischer Produktion, also zu einem, an unserer Ungeduld gemessen, langwierigen Prozess. Sie soll auch sofort allem Elend ein Ende machen, das sie vorfindet. Und wenn es auch noch wenig kapitalistisches Elend in Georgien gibt, so war umso größer die Fülle des Elends, die das Stocken der kapitalistischen Entwicklung angehäuft hatte, Elend, hervorgewachsen aus Feudalismus, Absolutismus end Krieg.

Diesem Elend sofort ein Ende zu machen mit den dürftigen Mitteln des armen und erschöpften Gemeinwesens, wäre kein Regime imstande gewesen, wenn ihm nicht Zauberkräfte zur Verfügung standen. Und unsere Genossen, die durch die Revolution ans Ruder kamen, waren nicht nur keine Zauberer, sondern Menschewiki, die weder sich, noch der Umwelt weiszumachen suchten, dass eine Diktatur sie mit Zauberkräften begaben werde.

Aber so sehr auch die Regierung sich bemühen mochte, bei den Aufgaben, die sie sich stellte, innerhalb der Grenzen des ökonomisch Möglichen zu bleiben, die unerlässlichsten Anforderungen, die an sie herantraten, überstiegen doch so sehr das Maß der verfügbaren Einnahmen des Staates, dass kein anderes Auskunftsmittel übrigblieb als die Notenpresse. Damit aber ein stetes Fallen des Rubelkurses und stetiges Steigen der Preise.

Das Übel wurde noch vermehrt durch die passive Handelsbilanz. Der Verkehr mit Russland, das ehedem den Hauptteil der Ausfuhr an Tabak, Wein, Mineralwässern usw. abgenommen hatte, war sehr gestört. Umso wichtiger wurde der Schiffsverkehr über das Schwarze Meer mit Europa: dieser Verkehr war aber wegen Mangels an Frachtraum lange sehr eingeschränkt Von Europa bezog Georgien hochwertige Industrieprodukte, die wenig Raum beanspruchten. Es hatte dorthin nur Rohmaterialien abzugeben, die im Verhältnis zu ihrem Wert viel Schiffsraum beanspruchten. Kein Wunder, dass der Wert der Einfuhr den der Ausfuhr überstieg. Im Jahre 1919 importierte Georgien von Westeuropa, der Türkei und Amerika für 397 Millionen Rubel Waren und es exportierte dahin nur für 93 Millionen. Im Jahre 1920 hat sich die Handelsbilanz erheblich verbessert. Die Inflation dagegen dauerte fort.

Alles das musste den Rubelkurs aufs äußerste drücken. Aber noch schlimmer als das Sinken seines Kurses und die daraus hervorgehende Teuerung war, wie in allen Ländern mit Papiergeldwirtschaft, das ewige Schwanken des Kurses. Das erschwert alle geschäftlichen Transaktionen ungemein. Langfristiger Kredit ist unter diesen Umständen überhaupt nicht zu haben, aber auch kurzfristiger nur unter drückenden Bedingungen. Da niemand weiß, wie Preise und Geldwerte in einem späteren Zeitraum sein werden, wird Barzahlung bevorzugt. Der Kredit ist das mächtigste Mittel, die Masse des in der Gesellschaft vorhandenen Kapitals wirkungsvoller zu gestalten. Ohne Kredit wird der Wirkungskreis einer gegebenen Menge von Kapitalien ungemein eingeschränkt. Das wirkt besonders lähmend in einem Zeitpunkt, in dem die Kapitalmasse durch die Verheerungen des Krieges ohnehin stark reduziert ist.

Nicht weniger schädlich wird ein anderer Umstand. Unter den gegebenen Verhältnissen vermindert sich wohl der Anreiz zum Anlegen von Kapital in industriellen Unternehmungen, die sich nicht eines raschen Umschlages ihres Kapitals erfreuen, dafür aber wird aufs äußerste der

Anreiz erhöht, das Kapital, statt in der Industrie, in Geldspekulationen und Wuchergeschäften anzuwenden. Beides hemmt die Entwicklung der Industrie. Solange es aber eine kapitalistische Produktionsweise gibt, liegt es im Interesse nicht nur der ganzen Gesellschaft, sondern auch der Arbeiterschaft selbst, dass das vorhandene Kapital produktiv, in Unternehmungen industrieller Art, in der Beschäftigung von Arbeitern und der Vermehrung der Produkte verausgabt wird und nicht parasitisch in Spekulationen und Wuchergeschäften, die keinen Arbeiter beschäftigen, keine Produkte liefern, wohl aber deren Preise erhöhen.

Die Papiergeldwirtschaft bedroht nicht nur den Staat mit völligem Bankrott, mit der völligen Wertlosigkeit des von ihm geschaffenen Geldes, sie bringt auch vorher schon steigende Verwirrung und Lähmung des ganzen ökonomischen Getriebes hervor.

Diesem Zustand kann man nur entgehen, wenn die Staatsfinanzen auf eine gesunde Basis gestellt, Ein- und Ausgaben ins Gleichgewicht gebracht werden, so dass die Notenpresse stillgesetzt werden kann. Wie soll aber der Staat zu den erforderlichen Einnahmen kommen, solange Industrie und Verkehr stocken? So stehen wir da in einem verhängnisvollen Zirkel, aus dem kein Ausweg möglich zu sein scheint: die Ökonomie kann nicht gesunden ohne Gesundung der Finanzen; und diese können nicht gesunden ohne Gesundung der Ökonomie.

Eine erhebliche Besserung wäre schon möglich, wenn Georgiens Nachbarn zu normalen, ruhigen Verhältnissen kämen, die Bürgerkriege und Eroberungskriege in Russland, Aserbeidschan, Armenien, Anatolien aufhörten und Georgien sowohl für seine eigenen Produkte dort Absatz fände, als auch seine Funktion als Durchgangsland des Verkehrs zwischen Ost und West wieder in vollem Maße ausnehmen konnte. Dieser allgemeine Friedenszustand allein würde schon Georgiens ökonomische und finanzielle Position erheblich bessern. In derselben Richtung würde es wirken, wenn der Dampferverkehr durch die Dardanellen endlich von den Beschränkungen befreit würde, die ihn bis heute noch hemmen, da dort immer noch der Kriegszustand herrscht. Dann muss auch der Postverkehr zwischen Georgien und dem Ausland wieder ein rascherer und sicherer werden. Heute liegt er noch sehr im Argen, was naturgemäß alle geschäftlichen Transaktionen mit Europa ungemein erschwert.

Aber auch wenn alle diese Besserungen eintreten, wird die Überwindung der finanziellen Krisis des Landes immer noch eine schwierige Sache bleiben. Es ist schwer denkbar, dass sie völlig überwunden wird ohne eine *ausländische Anleihe*, die das Defizit im Staatshaushalt für ein bis zwei Jahre deckt und so dem Staate eine Atempause gibt, in der er ohne Notenpresse wirtschaften kann.

Wird diese Pause klug und energisch ausgenützt, dann kann sie genügen, in der Zwischenzeit die wirtschaftlichen Hilfsquellen Georgiens so weit zu entwickeln, dass sein Staatswesen ohne weitere äußere Hilfe auf völlig gesicherter Basis steht. Dazu gehört natürlich in erster Linie die vermehrte Ausbeutung des Staatsbesitzes, was Eisenbahnbauten zum Beispiel zu den Kohlenfeldern von Tkvartscheli und Straßenbauten zur Erschließung der großen Waldungen erforderlich macht.

Dazu muss sich gesellen die Hebung der Landwirtschaft. Die Trockenlegung von 50.000 Hektor Sumpfboden bei Poti, die Bewässerung von 150.000 Hektor im Osten – für diese Meliorationen sind die Studien bereits gemacht – dürften schon genügen, um Georgien in Bezug auf seine Ernährung vom Ausland unabhängig zu machen. Eine Verbesserung des landwirtschaftlichen Betriebes erwartet man bereits von der Verwandlung des Landmannes aus einem

Pächter in einen besitzenden Bauern. Landwirtschaftlicher Unterricht kann diesen Prozess beschleunigen. Die Kleinheit der bäuerlichen Güter ist allerdings ein Hindernis für seine rationelle Landwirtschaft, die erhebliche Überschüsse abwirft. Und auf diese Überschüsse kommt es an.

Selbst viele Verfechter des Kleinbetriebes in der Landwirtschaft erkennen an, dass der Großbetrieb größere Reinerträge abwirft als der Kleinbetrieb; sie behaupten aber dafür, dass dessen Roherträge größer seien. Diese Behauptung ist keineswegs unbestritten. Aber selbst wenn sie zuträfe, würde sie uns dem Kleinbetrieb nicht günstiger stimmen. Vom Reinertrag der Landwirtschaft hängt die Menge der Menschen ab, die in der Gesellschaft außerhalb der Landwirtschaft leben kann. Wir reden von der Gesellschaft, nicht vom Staate, weil für den einzelnen Staat der Import von Lebensmitteln einen Ausweg schaffen kann. Ohne große Überschüsse der Landwirtschaft keine starke Bevölkerung von Intellektuellen und Industriellen, keine hohe Kultur und daher rückwirkend auch keine hohe Technik der Landwirtschaft. Die Verwandlung rationeller Großbetriebe der Landwirtschaft in Kleinbetriebe bedeutet Verminderung der Überschüsse der Landwirtschaft. Es bedeutet Vermehrung der Arbeitskräfte der Landwirtschaft und Verminderung der nicht landwirtschaftlichen Bevölkerung, also Rückgang der Kultur. Die Militaristen, die recht zahlreiche bäuerliche Rekruten haben wollten, mochten sich für den Kleinbetrieb begeistern. Moderne Sozialisten, denen nicht die Stärke des Kriegsheeres, sondern die Höhe der Kultur am Herzen liegt, müssen für den landwirtschaftlichen Großbetrieb eintreten.

Außer den Betrieben des Staates und der Erobas sind in Tiflis für einen solchen nach der Agrarreform geringe Grundlagen vorhanden. Ein privater Großgrundbesitz wird hier kaum rasch erstehen.

Vielleicht kann aber aus dem Übergang zu rationelleren Methoden der Landwirtschaft eine Entwicklung *kommunalen* Betriebes des *Ackerbaues* hierbei entspringen. Die Weidewirtschaft ist auch heute noch in Georgien eine kommunale. Der kommunale Ackerbau wäre Großbetrieb.

Zu einem kommunalen Ackerbau sind in Georgien mancherlei Ansätze vorhanden. Wir haben oben gesehen, dass der grusinische Pflug zehn bis zwanzig Zugtiere erfordert, mit vier und mehr Menschen. Über so viele Kräfte verfügt ein einzelner Zwergbauer natürlich nicht. Sie helfen sich dadurch, dass sich mehrere zum Beackern ihrer Felder zusammentun. Auch zu anderen Zwecken als zum Pflügen kommt ein derartiges Zusammenarbeiten häufig vor. Bis zu fünfzig Bäuerlein vereinigen sich mitunter, um auf einem ihrer Felder nach dem anderen die gleiche Arbeit gemeinsam zu verrichten und dabei die Vorteile der Kooperation zu genießen. Diese Methode hat einen eigenen Namen. Sie heißt Nadi, und die Lieder, die bei der gemeinsamen Arbeit gesungen werden, um ihr den gehörigen Rhythmus zu geben, heißen Naduri. Noch erfolgreicher wäre diese Methode vereinter Arbeit, wenn die vielen kleinen Felder nicht getrennt blieben, sondern zusammengeworfen und nach gemeinsamem Plan bearbeitet würden. Das dürfte jetzt erheblich erleichtert sein, nachdem die Landverteilung die Größe der einzelnen Güter einander sehr angenähert hat. In der gleichen Richtung muss es wirken, wenn moderne landwirtschaftliche Maschinen eingeführt werden, die zu erwerben der einzelne Bauer zu arm ist und die mit Erfolg nur auf großen Flächen angewandt werden können.

So kann in Georgien sehr wohl eine Landwirtschaft der Dorfgemeinden erstehen, eine Wirtschaft kommunaler Großbetriebe, die noch keine sozialistische wäre, da sie noch für den Markt arbeitete, die aber doch dem Sozialismus näherstünde und eine bessere Versorgung der Arbeiterschaft ermöglichte als die Wirtschaft des Kleinbauern.

Indes nicht bloß aus dem Gebiete der Landwirtschaft gilt es, alle die Vernachlässigungen und Hemmungen so rasch als möglich gutzumachen, die Feudalismus und Zarismus verschuldet. Es heißt auch das allgemeine Kulturniveau durch eine Verbesserung des Schulwesens zu heben. Auf diesem Gebiete hat das jetzige Regime bereits trotz seines Mangels an Mitteln bedeutendes geleistet.

Endlich ist es zum Gedeihen des Landes unbedingt erforderlich, seine Industrie so zu entwickeln, dass die Rohstoffe Georgiens möglichst dort verarbeitet werden, wo man sie gewinnt. Papierfabriken und Möbelfabriken zur Verwertung des Holzreichtums, Fabriken von Frucht- und Gemüsekonserven, Spinnereien und Webereien für Wolle, Seide, Baumwolle dürften vor allem notwendig sein. Daneben Fabriken zur Erzeugung von Geräten und einfachen Maschinen für die Landwirtschaft.

Wir haben gesehen, dass die Erobas und die Genossenschaften schon begonnen haben, in diesem Sinne zu wirken. Aber wir haben auch schon darauf hingewiesen, dass sie nur langsam vorwärtsgehen dürfen, wollen sie festen Boden unter den Füßen bewahren und Fehlschläge vermeiden. Überdies fehlt es ihnen an Kapital.

Auch da muss das Ausland eingreifen, soll der Aufschwung rasch und energisch erfolgen können. Nur die Westmächte und Amerika verfügen über die Mittel und Erfahrungen, um ohne weiteres größere Unternehmungen der genannten Art errichten und zweckmäßig leiten zu können. In jenen Ländern herrscht aber noch der Kapitalismus. Die Hilfe kann da einstweilen nur in der Weise kommen, dass ausländisches Kapital industrielle Unternehmungen in Georgien anlegt.

Ausländische Anleihen zur Sanierung der Staatsfinanzen, zum Bau von Eisenbahnen und von Bewässerungs- sowie

Entwässerungsanlagen und endlich die Errichtung von Fabriken durch ausländisches Kapital, sie sind dringend erforderlich im Interesse des georgischen Volkes und auch des georgischen Proletariats. Denn wo noch kapitalistisch gewirtschaftet wird, ist der Arbeiter am besten daran bei rasch wachsendem industriellen Kapital. Ein Stocken des kapitalistischen Wachstums trifft ihn sehr hart.

So sieht sich die sozialistische Regierung Georgiens in die paradoxe Lage versetzt, Bedingungen schaffen zu müssen, die das Kapital anziehen, das heißt, die ihm Profit versprechen und die nötigen Garantien geben, dass es nicht eines schönen Tages ohne Entschädigung enteignet wird.

Diese Aufgabe ist für eine sozialistische Regierung nicht leicht zu lösen. Aber da sie aus Menschewiki besteht, wird sie in Erkenntnis des ökonomisch Notwendigen das freiwillig tun, was die Bolschewiki jetzt auch tun müssen unter dem Zwange der Not, nachdem sie einige Jahre lang das Gegenteil angestrebt und zu diesem Zwecke unter grauenhaften Verwüstungen ganz Russland ruiniert haben.

8. Kapitalismus und Sozialismus

So schwierig die Aufgabe für eine sozialistische Regierung ist, die sich auf die politische Herrschaft des Proletariats stützt, kapitalistische Industrien fördern zu müssen, es ist eine Aufgabe, die den Sozialisten in jedem Lande Europas bevorsteht – in dem einen früher, in dem anderen später, nirgends aber in einer fernen Zeit. Denn in den wichtigsten Staaten ist das Proletariat bereits so erstarkt und ist sein Selbstbewusstsein so gewachsen, dass es nicht lange dauern kann, dass es dort zur politischen Macht gelangt, nicht trotz der Demokratie, sondern gerade dadurch, dass es die Demokratie in Kraft erhält.

Auf eine Weltrevolution im Sinne des Bolschewismus ist freilich nicht zu rechnen. Eine solche Revolution bedeutet die Diktatur einer kommunistischen Partei, die dadurch zur Herrschaft kommt, dass sie allein über Waffen und die bewaffnete Macht verfügt, die nichtproletarischen Klassen und im Proletariat die nichtkommunistischen Richtungen der Waffen entbehren. Diese Konjunktur trat nach dem militärischen Zusammenbruch zuerst in Russland, dann in Ungarn ein. Sie wird sich in keinem Lande mehr wiederholen, am allerwenigsten in den Staaten der Sieger. Dort kann das Proletariat nicht zum Siege gelangen als Minderheit durch ein Monopol an Waffen, sondern nur als Mehrheit durch seine Überzahl in der Demokratie.

Im Augenblick freilich sind auch die demokratischen Aussichten der Sozialdemokratie nicht günstig. Die jeder Revolution folgende Zeit der Enttäuschungen und der

Abspannung hat auch diesmal eingesetzt. Statt vor der Weltrevolution stehen wir vor einer allgemeinen Reaktion.

Aber nirgends im zivilisierten Europa hat der Sozialismus diesmal eine so zerschmetternde Niederlage erlebt, wie die bürgerliche Revolution von 1849 und die Pariser Kommune von 1871. Dauerte nach diesen Niederlagen die Reaktion kein volles Dutzend Jahre, so wird sie diesmal viel kürzer sein, vielleicht nur zwei bis drei Jahre umfassen. Sie kann nicht anders beendet werden, als durch den Sieg der Sozialdemokratie in allen Kulturstaaten, einer Sozialdemokratie die nicht nur weit stärker sein wird, als sie heute ist, sondern auch weit einsichtsvoller und reifer, dank den Lehren der jetzigen Revolution und dank den Möglichkeiten besserer Entfaltung der Fähigkeiten des Proletariats durch Achtstundentag, Betriebsräte und andere Errungenschaften, die selbst die Reaktion wird bestehen lassen müssen. Und die Sozialdemokratie wird in einigen Jahren eine weit bessere ökonomische Grundlage für ihr Wirken vorfinden als heute, da die schlimmsten Wunden des Krieges bis dahin überwunden sein dürften.

Dann werden aber alle sozialistischen Regierungen vor dieselbe Schwierigkeit gestellt sein, vor die jetzt die georgische gestellt war. Gerade weil sie aus der Revolution gelernt haben, werden sie wissen, dass der Kapitalismus nicht mit einem Schlage zu überwinden ist. Die sozialistische Produktion kann nur schrittweise, nach sorgfältiger Vorbereitung durchgeführt werden. Soll nicht das Getriebe der Produktion ins Stocken kommen und dadurch die ganze Gesellschaft, das Proletariat voran, ins höchste Elend geraten, muss in den noch nicht sozialisierten Produktionszweigen die kapitalistische Produktion in Gang gehalten werden, in manchen Industriezweigen vielleicht noch auf ein Menschenalter hinaus.

Wir werden daher überall sozialistische Regierungen bekommen, die in einer Reihe von Produktionszweigen kapitalistisches Produzieren geschehen lassen, ja fordern müssen.

Wie kann sich aber dabei die Herrschaft des Proletariats äußern?

Der Drang nach *Profit*, nach Auspressung von Mehrwert aus der gekauften Arbeitskraft ist nicht der einzige Grund des Klassengegensatzes zwischen Kapital und Arbeit. Dieser Gegensatz wird auch genährt durch die Macht, die der Alleinbesitz an Produktionsmitteln dem Kapital gegenüber der Arbeit einräumt. Jedes gesellschaftliche Zusammenarbeiten erheischt eine Leitung. Aber in den kapitalistischen Betrieben ist es der Besitz des Kapitalisten, der die Leitung bestimmt, nicht das Vertrauen der Arbeitenden oder der Konsumenten zu den Fähigkeiten und Kenntnissen der leitenden Persönlichkeiten. Und der Leiter ist im kapitalistischen Betrieb ursprünglich ein Autokrat, der den Betrieb nicht bloß leitet, sondern selbstherrlich beherrscht und ihm seine Gesetze gibt. Der Arbeiter soll nur Objekt, nicht Subjekt dieser Gesetzgebung sein.

Der Kampf des Arbeiters gegen das Kapital geht nicht bloß gegen die Ausbeutung, das heißt gegen das Schaffen von Mehrwert, sondern auch gegen die Allmacht des Unternehmers im Betrieb, gegen den Standpunkt des „Herrn im Hause".

Beide Arten des Kampfes sind untrennbar und eng miteinander verknüpft. Aber die Fortschritte, die erzielt werden, sind bei jeder dieser Arten ganz verschieden gestaltet. Nur die eine Art erzielt dabei sichtbare Fortschritte, solange der Kapitalismus dauert, die andere nicht. Die andere kann nur fortschreiten durch zunehmende Einengung des Bereiches der kapitalistischen Produktion, durch Ausdehnung der Sozialisierung. Die Fortschritte der ersteren Art beginnen schon vor einem Jahrhundert, die der anderen Art haben erst jetzt begonnen. Die Macht des Unternehmers im Betrieb wird immer mehr eingeschränkt durch die wachsende Macht der Arbeiterorganisationen und des Staates, „der organisierten Macht der Gesellschaft". Aber die Ausbeutung des Arbeiters nimmt dabei kaum ab, sie hat sogar die Tendenz, zu wachsen. Jedes Arbeiterschutzgesetz, jeder Fabrikinspektor, jeder siegreiche Streit, jede Gewerkschaft, die sich behauptet, mindern die Macht des Unternehmers im Betrieb. Die Revolution hat diese Schranken erheblich verstärkt und ihnen noch eine neue hinzugefügt in der Einrichtung der Betriebsräte. Während so seit einem Jahrhundert die Fabrik aus einer Autokratie immer mehr in eine konstitutionelle Monarchie verwandelt wird, ist in demselben Zeitraum die Rate des Mehrwerts gewachsen, so dass die Tendenz zum Fall der Profitrate immer wieder aufgehalten wurde.

Und das ist kein Zufall. Die große, welthistorische Aufgabe des industriellen Kapitalismus besteht in der kolossalen Erhöhung der Produktivkraft der Arbeit. Daraus zieht er seine siegreiche Kraft gegenüber den vorkapitalistischen Produktionsmethoden. Nur solche Einschränkungen der Macht des Unternehmers können sich durchsetzen und behaupten, die der Produktivität der Arbeit keinen Abbruch tun. Nun haben die hier in Betracht gezogenen Maßnahmen und Einrichtungen die Eigenschaft, die Produktivität der Arbeit nicht zu senken, sondern zu heben. Sie erhöhen die Arbeitskraft und Intelligenz des Arbeiters, oft auch seine Arbeitsfreudigkeit und sein Interesse am Gedeihen des Betriebes und des Industriezweiges, dem er angehört. Sie wirken aber erzieherisch nicht bloß auf den Arbeiter, sondern auch auf den Unternehmer. Nichts ist bequemer, nichts versimpelt aber auch mehr als diktatorische Gewalt, die ihren Geist nicht anzustrengen braucht, um aller Widerstände Herr zu werden. Mit Vorliebe wurde das bekannte Wort Cavours, dass mit dem Belagerungszustand jeder Esel regieren kann, von Elementen zitiert, die sich heute für die Diktatur begeistern, was nur ein anderer Name für den Belagerungszustand ist. Wo der Unternehmer als Diktator schalten und walten kann, vermag er alle Folgen von Unfähigkeit, Liederlichkeit oder Filzigkeit in der Betriebführung auf die Arbeiter abzuwälzen, die umso mehr schuften müssen, je veralteter und irrationeller der Betrieb, je unzulänglicher die Betriebsmittel. Je stärker Arbeiter und Staat gegenüber dem Unternehmer, je größer ihre Anforderungen an ihn und ihre Widerstandskraft gegen ihn, um so sorgsamer und intelligenter muss die Betriebsführung sein, desto mehr muss sie trachten, die produktivsten Einrichtungen und Methoden anzuwenden, desto mehr von dem gewonnenen Mehrwert muss der Kapitalist akkumulieren, um Verbesserungen anbringen zu können. So wird jeder Fortschritt des Proletariats gegenüber dem Kapital, der von ökonomischer Einsicht getragen ist, also nicht etwa Zerstörung von Maschinen und ähnliches verlangt, zu einem starken Antrieb zur Steigerung der Produktivkräfte der Arbeit, womit aber auch die Tendenz zum Wachstum des Mehrwerts und der Ausbeutung gegeben ist.

So paradox es scheinen mag, das Wachstum der Macht der Arbeiterklasse gegenüber dem Unternehmer schließt das gleichzeitige Zunehmen ihrer Ausbeutung nicht aus, sondern kann es sogar geradezu hervorrufen.

Gerade darum hemmt jenes Wachstum nicht den Fortgang der Produktion und ihre Entwicklung, sondern fordert es sie. Solange kapitalistisch produziert wird, muss das Kapital in der Industrie Profit abwerfen, sonst steht sie still, was nicht bloß den Unternehmer schädigt, sondern noch mehr den Arbeiter, der auf den ununterbrochenen Verkauf seiner Ware Arbeitskraft angewiesen ist. Krisis und

Arbeitslosigkeit sind die schlimmsten Feinde des Arbeiters, und nichts größer als die Narrheit jener „Revolutionäre", die das Proletariat dadurch retten wollen, dass sie die Produktion sabotieren und die Krisis maßlos steigern. Die Betriebsräte werden sich durchsetzen und zu einer gewaltigen Macht im Produktionsprozess werden, wenn es ihnen gelingt, in gleicher Weise, wie es dem Arbeiterschutz und den Gewerkschaften gelang, die Produktivität der Arbeit zu erhöhen. Wollten sie sie vermindern, den Produktionsprozess dauernd hemmen, dann hätten sie bald ausgespielt. Das Unwiderstehlichste in der Gesellschaft sind die Notwendigkeiten der Produktion. Sie erweisen sich machtvoller als der blutigste Terrorismus.

Solange kapitalistisch produziert wird, bleibt die Notwendigkeit einer gewissen Höhe des Profits und die Tendenz zum Wachstum der Ausbeutung bestehen.

Diese Notwendigkeit und diese Tendenz werden nur dort ausgehoben, wo an Stelle kapitalistischer sozialistische Produktion gesetzt wird, an Stelle des Privateigentums an den Produktionsmitteln ihr gesellschaftliches Eigentum. Die Möglichkeit zu diesem Übergang tritt erst in einem vorgeschrittenen Zustand des Kapitalismus und nicht für alle Produktionszweige gleichzeitig ein. Eisenbahnen, Bergwerke, Waldungen sind von vornherein zu gesellschaftlichem Besitz und Betrieb geeignet, die meisten Luxusindustrien werden erst spät dazu veranlagt werden. Die Aufhebung der Ausbeutung durch Sozialisierung kann also nur schrittweise, nicht für die ganze Industrie auf einmal erreicht werden. Dagegen können manche Einschränkungen der Macht des Unternehmers zum Beispiel der Achtstundentag oder Betriebsräte, mit einem Schlag der Gesamtheit der Industrie auferlegt werden.

Die Masse von Mehrwert in der Gesellschaft, die von der Kapitalistenklasse angeeignet wird, statt dass sie den

Arbeitern oder der Gesellschaft für allgemeine Zwecke zufällt, diese Masse kann also im Fortschritt der Arbeiterklasse nicht dadurch vermindert werden, dass diese vermehrte Macht im kapitalistischen Produktionsprozess gewinnt, sondern nur dadurch, dass das[9] Bereich der kapitalistischen Ausbeutung durch fortschreitende Sozialisierung einzelner Industriezweige immer mehr eingeengt wird. Innerhalb dieses an Größe stetig abnehmenden Gebiets, in dem die kapitalistische Produktion einstweilen noch nicht ersetzt und vielleicht auch noch nicht ersetzbar ist, die Ausbeutung und den Profit früher abzuschaffen als das kapitalistische Eigentum an den Produktionsmitteln, ist ganz unmöglich. Ohne Profit raucht bekanntlich kein Schornstein, die Aufhebung oder auch nur sichtbare Einengung des Profits hieße auf diesen Gebieten die Stillsetzung der Produktion überhaupt. Die Sache würde nur verschlimmert, wollte man die stillgesetzten Betriebe durch terroristische Akte wieder in Gang setzen. Wo der Unternehmer überflüssig ist, sozialisiere man. Wo er noch unentbehrlich bleibt, wird man ihn zu eifrigem und rationellem Wirtschaften durch Zwang nicht bringen, ebenso wenig wie man Lohnarbeiter durch Zwang zu guter Arbeit veranlassen kann. Nicht der Zwang, nur Interesse am Ertrag sichert höhere und bessere Arbeit – bei Unternehmern wie bei Lohnarbeitern.

Das alles mag sehr wenig revolutionär klingen, aber Marx hätte nicht die besten Jahre seines Lebens auf die Ausarbeitung seines „Kapital" verwendet und dieses wäre nicht als „Bibel der Arbeiterklasse" begrüßt worden, wenn für die Befreiung der Arbeiterklasse der bloße Besitz der Macht genügen würde und die Erkenntnis der Gesetze der kapitalistischen Ökonomie überflüssig wäre.

---

9 Anm. des Verlags: Hier ist vermutlich „der" gemeint.

Auch eine sozialistische Regierung muss diesen Gesetzen Rechnung tragen. Der Unterschied zwischen einer sozialistischen und einer nicht sozialistischen Regierung ist in diesem Punkt nur in folgendem zu suchen: Für die Sozialisierung eines Industriezweiges kommen zwei Momente in Betracht: einmal die Höhe seiner ökonomischen Entwicklung, namentlich seiner Kapitals- und Betriebskonzentration sowie die Art der Betriebsführung (durch den Unternehmer oder durch Angestellte) und der Absatzverhältnisse. Das zweite, sehr entscheidende Moment ist aber die Macht der an der Sozialisierung interessierten Klassen. Eine Reihe von Industrie- und Erwerbszweigen kann schon längst zur Sozialisierung reif, diese direkt geboten sein, nicht nur im proletarischem sondern auch im gesellschaftlichen Interesse. Aber die Sozialisierung unterbleibt, weil es ihren Verfechtern an der Macht fehlt.

Anderseits gibt es eine Reihe von Einschränkungen der Macht des Kapitals, die die Produktivität der Arbeit nicht mindern, sondern heben würden, und die doch nicht durchgeführt wenden, solange das Proletariat nicht die nötige Macht dazu besitzt.

Wo es die Kraft hat, eine sozialistische Regierung einzusetzen, erlangt es die Möglichkeit, sowohl alle notwendigen Sozialisierungen wie alle rationellen Beschränkungen der Unternehmerwillkür vorzunehmen. Aber es muss sich nun sehr davor hüten, die Wirkung der bloßen Macht zu überschätzen und zu glauben, ihr Besitz allein genüge schon, um es instand zu setzen, alle seine Wünsche zu befriedigen, allen seinen Nöten mit einem Schlag abzuhelfen. Eine sozialistische Regierung muss sich stets dessen bewusst bleiben, dass sie sich auf das ökonomisch Notwendige und Mögliche beschränken muss und diese Schranken ohne Gefährdung der Gesellschaft, des Proletariats und seines Aufstieges zu höheren Lebensformen nicht missachten darf. Sie muss bei jeder Sozialisierung die Lage des Industriezweiges und die ihr zur Verfügung stehenden Kräfte und Fähigkeiten genau prüfen. Sie muss bei jeder Beschränkung des Unternehmerwillens, die sie verfügt, erwägen, ob die Produktivität der Arbeit dadurch gemindert wird oder nicht. Sie muss ununterbrochen danach streben, die Produktivkräfte des Landes zu entwickeln, und insoweit dies noch nicht mit sozialistischen Mitteln und Methoden möglich ist, muss sie kapitalistische zu diesem Zweck zulassen, ja unter Umständen sogar ermutigen.

Von diesen Grundsätzen lässt sich die sozialdemokratische Regierung Georgiens leiten, und sie erweist sich dabei als verständnisvolle Schülerin unserer großen Meister Marx und Engels. Wo immer eine sozialdemokratische Regierung ans Ruder kommen mag, sie wird nach den gleichen Grundsätzen verfahren müssen und aus den georgischen Erfahrungen lernen können.

Die Auffassung, als habe eine sozialistische Regierung nur die eine Aufgabe, den Sozialismus durchzuführen, ist keine marxistische, sondern eine vormarxistische, utopistische. Sie stellt sich den Sozialismus als das Idealbild einer vollkommenen Gesellschaft vor. Es ist, wie Idealbilder in der Regel, sehr einfacher Natur. Sobald man sich's einmal ausgedacht hat, braucht man bloß die nötige Macht zu erlangen, um dies Ideal überall und unter allen Umständen zu verwirklichen. Wo die Macht diesen Erfolg nicht sofort zeitigt, sind bloß Verrat oder Feigheit daran schuld. Eine sozialistische Regierung hat keine andere Aufgabe als die Durchführung des sozialistischen Idealbildes. Das wird ihr umso eher gelingen, je unumschränkter ihre Macht.

Diese Auffassung der sozialistischen Aufgaben wird gründlich umgewälzt durch den Marxismus. Sein Ausgangspunkt ist der Klassenkampf, den das vom industriellen Kapitalismus geschaffene Proletariat unter den Bedingungen der kapitalistischen Produktionsweise führt. Die Sozialdemokratie hat die Aufgabe, die physischen, intellektuellen, moralischen und organisatorischen Kräfte des Proletariats zu erhöhen sowie System und Plan in die einzelnen proletarischen Kämpfe zu bringen. Dies erfordert es, dass das Proletariat das gesellschaftliche und ökonomische Ziel erkennen lerne, das allein es befriedigen und seinen Kämpfen ein Ende setzen kann, das Ziel der Befreiung der arbeitenden Klassen, die aus bloßen Werkzeugen zu Beherrschern der Produktion werden. Zu den arbeitenden Klassen zählen nicht die industriellen Proletarier allein, sondern ebenso Bauern, Handwerker, Intellektuelle. Aber nur die Proletarier bilden die kraftvollste und zuverlässigste Triebkraft dieser Entwicklung.

Dieses Ziel ist das Endziel der sozialistischen Bewegung. Seine Verwirklichung kann auf mannigfache Weisen erfolgen, die von den jeweiligen Formen der Produktion, den Kräfteverhältnissen der Klassen, der Höhe ihrer Organisation, ihrer Intelligenz und Schulung und dergleichen abhängen. Die Formen des Sozialismus können in den verschiedenen Ländern, zu verschiedenen Zeiten und in verschiedenen Produktionszweigen sehr verschieden sein. Sie werden überall an die gegebenen Produktionsformen anknüpfen und sie weiterentwickeln müssen. Ihnen allen aber wird gemein sein das Gemeineigentum an den Produktionsmitteln und deren Betrieb durch gemeinwirtschaftliche Anstalten zu Zwecken der Bedarfsdeckung der Gemeinschaft, sei diese nun der Staat, die Gemeinde oder eine Konsumentengenossenschaft, an Stelle des privaten Besitzes an Produktionsmitteln und privater Produktion für den Markt zur Gewinnung eines privaten Profits. Die sozialistische Produktion wird nicht die Verwirklichung eines vorher ausgearbeiteten Idealbildes einer vollkommenen Gesellschaft, sondern das Ergebnis eines sehr wechselnden Entwicklungsprozesses sein: ein Ergebnis, das selbst keineswegs jede weitere Entwicklung ausschließt oder unnötig macht, sondern nur den Ausgangspunkt zu einer neuen Art gesellschaftlicher Entwicklung bilden wird.

Man kann und soll heute schon versuchen, sich ein Bild der kommenden sozialistischen Produktionsweise zu bilden, muss sich aber dabei stets dessen bewusst sein, dass die Wirklichkeit weit mannigfaltiger ist als jedes Gedankending, und dass es selbst der gründlichsten Erforschung der Gegenwart nie gelingen wird, alle Faktoren bloßzulegen, die in ihrem Schoße an der Entwicklung der Zukunft wirken, und jeden dieser Faktoren ganz genau nach seiner kommenden Bedeutung zu bewerten. Je besser wir die Gegenwart erforschen, desto tiefer wird unsere Einsicht in das Kommende sein. Dies wird aber stets weit mannigfaltigere Formen annehmen, als uns vorauszusehen möglich ist und stets neue Faktoren aufweisen, von denen wir uns heute noch nichts träumen lassen. Wir werden noch große Überraschungen auf diesem Gebiet erleben.

Trotzdem hat das sozialistische Endziel eine große praktische Bedeutung für uns. Die Verfechter der proletarischen Sache werden sich von Widersprüchen und Kraftverlusten in ihrer alltäglichen politischen und ökonomischen Praxis umso eher freihalten und werden die Erhebung und Befreiung des arbeitenden Volkes umso rascher und opferloser bewirken, je mehr sie jede einzelne ihrer Forderungen und Maßnahmen nicht bloß an den Augenblickswirkungen messen, die sie von ihr erwarten, sondern auch daran, inwieweit sie dem Endziel zusteuern oder nicht.

Mit diesem Endziel der Umwandlung der Eigentumsverhältnisse an den Produktionsmitteln und der Herstellung weitester Selbstverwaltung und Freiheit der Äußerungen und der Organisationen der arbeitenden Massen ist innig verbunden die der Entwicklung der Produktivkräfte der Arbeit, wie wir schon bemerkt.

Vom Standpunkt dieser Auffassung gestaltet sich die Aufgabe der Sozialisten gegenüber dem Sozialismus ganz anders als vom Standpunkt des vormarxistischen Sozialismus. Der Ausbau eines sozialistischen Produktions- und Gesellschaftssystems ist nun weder die einzige noch die der Zeit nach erste Ausgabe der Sozialisten. Ein solches System steht vielmehr am Ende ihres Wirkens, als Ergebnis ihrer Gesamttätigkeit. Ihre Aufgabe ist unter allen Umständen die Hebung und Kräftigung des Proletariats, die Vermehrung seiner Einsicht in den ökonomischen Prozess und seine Ziele und die Ausdehnung der Produktivkräfte der Arbeit.

Dies ist die Aufgabe jeder sozialistischen Partei. Dadurch werden sozialistische Parteien überall möglich und notwendig, auch in Ländern, in denen die Vorbedingungen für eine sozialistische Produktion noch nicht gegeben sind, wenn es dort nur schon ein industrielles Proletariat gibt.

Und das ändert sich nicht dort, wo eine sozialistische Partei die politische Macht gewinnt und dazu gelangt, eine sozialistische Regierung einzusetzen. Auch die hat zunächst die Aufgabe, Macht, Kraft, Einsicht des Proletariats zu heben, die Kapitalisten der Staatskontrolle zu unterwerfen, und die Produktivkräfte der Arbeit zu entwickeln, nicht aber unter allen Umständen sofort den Kapitalismus gänzlich aufzuheben und den Sozialismus durchzuführen. Wieviel sie davon durchführt, muss von dem jeweiligen Reifegrad des Landes abhängen.

Fasst man die Aufgaben einer sozialistischen Regierung in dieser Weise, dann wird das Bestehen einer solchen auch in ökonomisch rückständigen Ländern mit der Marxschen Auffassung vereinbar, die nur im höchstentwickelten Kapitalismus die Vorbedingung des Sozialismus sieht. Ein sozialistisches Regime wird auch unter ökonomisch rückständigen Verhältnissen möglich, wenn im Staate Demokratie herrscht und sein industrielles Proletariat den anderen Klassen, die in der Demokratie und durch die Demokratie Macht ausüben, an Intelligenz und Organisation überlegen ist, und wenn die sozialistische Regierung sich stets der Grenzen ihres Könnens bewusst bleibt, nicht mehr in Angriff nimmt, als sie mit den ihr zu Gebote stehenden Kräften und Fähigkeiten zu bewältigen vermag, und wenn sie endlich die Entfaltung der Produktivkräfte ebenso eifrig betreibt wie die Kräftigung des Proletariats. Sie wird dadurch aus einer Vertreterin eines proletarischen Sonderinteresses zur Verfechterin des gesellschaftlichen Gesamtinteresses und kann als solche die Mehrheit der Nation hinter sich scharen und behalten.

Eine solche Regierung muss sich von dem Satze leiten lassen, dass in der Beschränkung sich der Meister zeigt. Eine sozialistische Regierung, die sich nicht auf das jeweilig ökonomisch Notwendige und Mögliche beschränkt, sondern sich bloß von den Bedürfnissen der Proletarier und der Machtgier vieler Kampfgenossen leiten lässt, so dass sie im Radikalismus der Maßlosigkeit schwelgt – eine sozialistische Regierung dieser Art wird nie zu einer dauernden Befreiung des Proletariats und einer Vermehrung der Produktivkräfte kommen, sondern stets nur mit seiner neuen Knechtung bei völliger Zerstörung der Produktivkräfte enden, was eine wachsende Entfernung vom Endziel bedeutet.

Die Regierung Georgiens hat die Methode meisterhafter Beschränkung gewählt und das Land wie das Proletariat sind gut dabei gefahren.

Bahnbrechend für die Entwicklung sozialistischer Formen kann freilich ein ökonomisch rückständiges Land nie werden. So weit dürfen wir den Marxismus nicht modifizieren. Nur die höchstentwickelten Länder, wie England und Deutschland können Muster gemeinwirtschaftlicher Betriebe entwickeln, die durch den Anschauungsunterricht, den sie bieten, rasch Anerkennung und Nachahmung auch in rückständigen Ländern finden. Und nur wenn hochentwickelte Länder bald zu einem sozialistischen Regime kommen, kann deren Hilfe es bewirken, dass die weitere Entwicklung der Produktivkräfte in den rückständigen Ländern bereits nur sozialistische und nicht mehr kapitalistische Formen annimmt, das der[10] Ausbeutungsbereich des Kapitalismus sich nicht mehr erweitert.

Ein derartiges Regime liegt aber in Deutschland und England schon binnen wenigen Jahren – nach Überwindung der augenblicklichen Reaktion – im Bereich der Möglichkeit.

Damit wird die sozialistische Regierung Georgiens eine neue Stütze bekommen. So ist die Möglichkeit gegeben, dass das augenblickliche Regime dort ohne jegliche Kraftprobe nicht nur sich behauptet, sondern bald rasch und energisch auf der Bahn des Sozialismus weiterschreitet.

Nicht von innen drohen ihm augenblicklich Gefahren, sondern nur von außen.

---

10   Anm. der Verlages: Im Original steht „das Ausbeutungsbereich des Kapitalismus sich nicht mehr erweitert".

9. Die Festigkeit des sozialdemokratischen Regimes

Es dürfte augenblicklich keine Regierung geben, die so gefestigt dasteht wie die georgische. Wir haben gesehen, wie ungemein groß die Mehrheit der sozialdemokratischen Partei im georgischen Parlament ist. Und keine der kleinen Oppositionsparteien denkt daran, die Regierung zu stürzen oder den Regierungskurs zu ändern.

Und wie auf eine überwältigende Mehrheit im Parlament kann sich die Regierung auch auf die überwältigende Mehrheit der Bevölkerung stützen. Die heute in Georgien politisch entscheidende Klasse, der moderne Teil des Proletariats, steht geschlossen hinter der Regierung, die stets engste Fühlung mit ihm hält.

Wohl besteht eine kommunistische Partei. Sie erfreut sich vollster Freiheit in allen ihren Bewegungen, die nicht daran abzielen, einen bewaffneten Ausstand herbeizuführen. Ihrer offenen Propaganda und legalen Organisationstätigkeit steht nichts im Wege. Und diese werden aufs eifrigste betrieben neben einer ebenso energischen unterirdischen Wühlarbeit. Die Partei arbeitet mit den reichsten Mitteln, die aus Sowjetrussland stammen. Aber trotz alledem gelingt es ihr nicht, einen Anhang von Belang zu gewinnen.

Im Unterschied zu Europa kennt man eben in Georgien den Bolschewismus von seinen Anfängen an. Er vermag dort niemand zu täuschen. Man ist trotz aller Grenzerschwerungen in zu enger Verbindung mit Russland, um nicht genau zu wissen, wie es dort steht, und im Vergleich zu der Hölle, die heute Sowjetrussland darstellt, erscheint

Georgien als Paradies. Die Arbeiter kennen auch genau den fürchterlichen Druck, der auf dem arbeitenden Russland lastet, die völlige Rechtlosigkeit und Ohnmacht aller Elemente des Proletariats, die nicht in feigem Gehorsam und knechtischer Unterwürfigkeit vor der Diktatur der Machthaber ersterben. Sie sehen genau, dass die Diktatur, die als Diktatur des Proletariats gedacht ist, zur Diktatur über die Gesamtbevölkerung, das Proletariat inbegriffen, führt und führen muss, da das Wesen der Diktatur keine Beschränkung der Regierungsallmacht auch nicht aus den Reihen der nominell herrschenden Klasse verträgt. Mit besonderer Erbitterung gegen das Sowjetregime erfüllt die Arbeiter Georgiens dessen Verlogenheit, Wortbrüchigkeit und Treulosigkeit, die auf Schritt und Tritt dem kleinen Nachbarn gegenüber zutage treten.

Ruhmredig verkünden die Kommunisten von Zeit zu Zeit, dass das georgische Proletariat ihre Reihen fülle. Aber bei jeder Gelegenheit, das zu zeigen, tritt ihre Bedeutungslosigkeit zutage. So hatten sie eine große Agitation unter den Eisenbahnern begonnen. Sie sollte glänzende Resultate geliefert haben. Eben als ich abreiste, fand in Tiflis ein Kongress der Eisenbahner statt. Er sollte dartun, dass das Vertrauen der Eisenbahnarbeiter zur Regierung aufs tiefste erschüttert sei. Die Kommunisten erwarteten, den Kongress zu beherrschen.

Siehe da. Als man die Delegierten zählte, stellte sich heraus, dass sich ein einziger Kommunist unter ihnen befand. Alle anderen, über achtzig, waren Sozialdemokraten.

Und die gleiche Erfahrung machte ich vorher schon auf allen Arbeiterkongressen, denen beizuwohnen ich Gelegenheit hatte.

Ganz unbekannt ist in Georgien jene Zwischenform, die in Europa jetzt so häufig ist, die, geblendet von den Scheinerfolgen des Bolschewismus, sich in der *Theorie* für die

Rätediktatur erklärt, dabei aber so viel festen Boden unter den Füßen behält, dass sie in der *Praxis* für die Demokratie und mit den Methoden der Demokratie wirkt.

Eine erhebliche Opposition von links findet die sozialdemokratische Regierung also nicht. Aber auch die von rechts ist nicht weit her.

Am ehesten dürfte man eine solche von den expropriierten Großgrundbesitzern erwarten. In Wirklichkeit haben sie sich in ihr Schicksal ergeben. Es brach eben mit der Wucht eines Elementarereignisses über sie herein und wirkte gleich einem solchen. Sie wissen, dass sie für immer ausgespielt haben, dass jeder Versuch der Wiederherstellung des alten Zustandes die ganze Nation gegen sich hätte. Nicht wenige von ihnen dienen der Republik eifrig und verständnisvoll.

Auch die Aristokraten der großen Französischen Revolution und ebenso die der jetzigen russischen Revolution hätten ihr Schicksal als eine unabwendbare Fügung auf sich genommen, wenn sie nicht Bundesgenossen im Ausland fanden, die ihnen eine Restauration in Aussicht stellten. Die georgischen Fürsten haben nicht genug Freunde im Ausland, die eine Intervention zu ihren Gunsten versuchen wollten. Die einzige Macht, deren Eingreifen in die inneren Verhältnisse Georgiens zu fürchten wäre, ist die russische Sowjetrepublik. Durch sie kamen diese gewesenen Großgrundbesitzer aus dem Regen in die Traufe. Das sozialdemokratische Regime hat wohl jedem von ihnen seinen Boden ohne Entschädigung genommen – bis auf ein Bauerngut, das ihm ermöglicht, von seiner Hände Arbeit zu leben. Aber es hat seine Person nicht misshandelt, sondern in ihm den Menschen geachtet. Es hielt sich an die Ansicht von Marx, dass wir nicht die *Person* des Kapitalisten bekämpfen, sondern seine *Funktionen*, die wir, soweit sie unentbehrlich aus privaten in gesellschaftliche verwandeln wollen: soweit sie überflüssig oder schädlich, durch eine ökonomische Organisation aufheben wollen, in der sie keinen Platz finden. Das bolschewistische Regime hat den Kampf nicht bloß gegen die *Funktionen*, sondern auch gegen die *Personen* der Kapitalisten und Großgrundbesitzer geführt, auch nachdem sie aufgehört hatten Ausbeuter zu sein und tatsächlich Proletarier geworden waren; auch gegen solche, die nicht gewillt oder nicht fähig waren, dem neuen Regime entgegenzutreten. Und der Bolschewismus begnügte sich nicht damit, diese Personen unschädlich zu machen, er hat sie auch erniedrigt, in den Kot getreten, maßlos gequält. Er hat ihnen gegenüber im Proletariat an die gemeinsten Instinkte appelliert und es moralisch aufs tiefste erniedrigt.

In Georgien blieben die Expropriateure wie die Expropriierten vor dieser beiderseitigen Erniedrigung bewahrt. Ebenso aber auch die Expropriierten vor jedem Versuch der Auflehnung gegen ihr Schicksal. Die Alternative, die vor ihnen stand, das bolschewistische Regime, war zu fürchterlich.

Die Feudalherren gehören der Vergangenheit an. Die ausbeutende Macht der Gegenwart sind die Kapitalisten Aber wir haben bereits gesehen, warum ihr politischer Einfluss in Georgien gleich Null ist. Nur wenige unter ihnen sind Industrielle, die meisten vertreten die parasitischen Formen des Kapitals als Wucherer, Schieber, städtische Grundbesitzer. Unter ihnen überwiegen die Armenier, die bei der Masse des georgischen Volkes nicht beliebt sind. Die Gründe des Gegensatzes werden von jeder Seite anders dargestellt, doch die Tatsachen auf die man sich bezieht, bleiben hüben wie drüben dieselben. Bloß ihre Bewertung ist verschieden. Die einen werfen den Armeniern vor, sie seien schmutzige, skrupellose Krämer und Leuteschinder. Die anderen erklären, die Armenier seien emsig und sparsam, die Georgier dagegen hatten noch viel von feudaler

Sorglosigkeit und Genussfreudigkeit bewahrt. So kamen sie wirtschaftlich gegen die Armenier nicht auf.

Neben den Armeniern gibt es noch Deutsche, Russen, Italiener, Juden (die in Georgien als besondere Nationalität betrachtet werden) und Angehörige anderer fremder Nationen unter den Kapitalisten, aber nur wenige Angehörige der georgischen Nationalität.

Alles das bewirkt, dass die oft sehr große Unzufriedenheit der Kapitalisten mit dem gegenwärtigen Regime keinen Widerhall in der Bevölkerung findet. Im Gegenteil, sie freut sich, wenn sie hart angefasst werden. In kapitalistischen Kreisen wird geklagt, dass dies oft in irrationeller Weise geschehe, dass nicht nur die parasitischen Betätigungen des Kapitals nach Möglichkeit eingeschnürt werden, sondern dass es auch dort eingeengt wird, wo sein freies Wirken der Entfaltung der Produktivkräfte dienen könnte. Soweit ich Gelegenheit hatte, solche Anklagen zu prüfen, konnte ich mich von ihrer Berechtigung nicht überzeugen. Aber es ist schon möglich, sogar wahrscheinlich dass auf diesem Gebiete manche Fehler begangen wurden, in der Erregung der Revolutionszeit, unter den Schwierigkeiten einer durch den Krieg zerstörten und in Verwirrung gebrachten Wirtschaft und bei dem Mangel an Kräften, die mit den Notwendigkeiten kapitalistischer Produktion wohl vertraut und doch frei von jeglichem kapitalistischen Sonderinteresse sind. Bei der schwierigen Aufgabe, die Interessen des Proletariats mit denen der Entwicklung der Produktivkräfte unter kapitalistischen Bedingungen zu vereinbaren, werden sich gelegentliche Fehler nach der einen oder der anderen Seite hin kaum irgendwo vermeiden lassen.

Alles Geschrei und alle Unzufriedenheit in kapitalistischen Kreisen verdichtet sich jedoch zu keiner politischen Oppositionsbewegung von Belang. Die sozialdemokratische Regierung hat von dieser Seite nicht das mindeste zu fürchten. Es wäre denn, dass es den Kapitalisten gelänge, die *Bauernschaft* für sich zu gewinnen. Daran ist aber gar nicht zu denken.

Von der *Bauernschaft* hängt die Zukunft des sozialistischen Regimes unter der Herrschaft der Demokratie ab. Und das gilt nicht bloß für Georgien, sondern für alle Staaten, in denen das Proletariat nicht die Mehrheit der Bevölkerung ausmacht.

Wo die Form der Demokratie sich gegen das Proletariat wendet, liegt das nicht an der Klasse der Kapitalisten, der das Proletariat immer zahlenmäßig überlegen ist, sondern an der Bauernschaft. Wenn diese die Mehrheit der Bevölkerung ausmacht und dem Proletariat feindlich gesinnt ist, vermag letzteres unter der Demokratie seine Herrschaft nicht aufzurichten. Das ist sicher sehr unangenehm. Die Form der Sowjets ändert daran aber gar nichts, da auch sie sich mit den Bauern abfinden und ihnen Bauernräte zubilligen muss. Vorübergehend hat die Form der ständischen Vertretung gegenüber der Vertretung der Gesamtheit der Bevölkerung allerdings einen Vorteil.

Die Spaltung in Arbeiter- und Bauernräte macht jene zu Herren der Städte und diese zu Herren des flachen Landes. Beide Teile können sich da ganz gut miteinander vertragen, solange sich der eine um den anderen nicht kümmert, jeden auf seinem Gebiet frei wirtschaften lässt. Aber leider vermag keiner der beiden Teile dauernd für sich allein zu wirtschaften; die Stadt ist auf das flache Land angewiesen und umgekehrt. Sobald sie aber darangehen, einen gemeinsamen Wirtschaftsorganismus zu bilden, bietet die bloße Form der Sowjetverfassung dem städtischen Proletariat gegenüber dem Landvolk bei gleicher Berechtigung beider keine größere Überlegenheit als die Form der Demokratie.

Wenn es in Russland zu dieser Überlegenheit gekommen ist, liegt das nicht an der Sowjetverfassung, sondern daran, dass der Zusammenbruch und die Auslösung der russischen Armee in einer Weise erfolgte, bei der schließlich als einzelne bewaffnete Macht im Staate die kommunistische Partei und ihre Söldner übrig blieben sowie daran, dass der russische Bauer jeder politischen Schulung und jeder umfassenden politischen Organisation entbehrt.

Wo das Proletariat oder eine proletarische Partei nicht über das Monopol auf Bewaffnung verfügt, wird es sich in einem agrarischen Staat an der Macht nur behaupten können unter der Zustimmung der Bauernschaft. Es wird dieser Zustimmung selbst dort auf die Dauer nicht entraten können, wo es allein Waffen in der Hand hat. Denn wir als Marxisten wissen, dass in letzter Linie im Staate nicht die Maschinengewehre entscheiden, sondern die ökonomischen Notwendigkeiten. Daraus gründet sich unsere Überzeugung von der Macht eines Massenstreiks. Darauf beruht aber auch in jeder Staatsform die Macht der Bauernschaft. So wenig wie das industrielle Proletariat durch die Bauernschaft, kann diese durch jenes dauernd vergewaltigt werden. Sie müssen lernen, sich schiedlich friedlich zu vertragen, was eher erreicht wird in der Demokratie als bei ständischer Absonderung der beiden Teile voneinander.

Leicht ist die Aufgabe freilich nicht. Die Gegensätze sind sehr groß. Der Proletarier muss nach dem Gemeinbesitz und dem Gemeinbetrieb der Produktionsmittel streben, der Bauer ist der zäheste und fanatischste Verfechter des Privateigentums an den Produktionsmitteln.

Stünden wir auf dem Boden sofortiger Vollsozialisierung, dann ergäbe dieser Gegensatz unausbleiblichen, unversöhnlichen Kampf zwischen Proletariat und Bauernschaft. Aber auf diesem Boden stehen selbst die Bolschewiki nicht, sonst hätten sie nicht das flache Land den Bauern überlassen. Solange die bäuerliche Betriebsweise sich behauptet, wird ihre Sozialisierung überhaupt nicht in Frage kommen. Eine solche kann nur erfolgen auf der Grundlage des Großbetriebs. Und die Sozialisierungen der großen Monopolbetriebe, ausgehend von denen der Bergwerke und Wälder, liegen ebenso im Interesse der Bauern wie der Arbeiterschaft, wenn sie sich in Formen, die eine höhere Produktivität herbeiführen, vollziehen. Der Bauer steht dem theoretischen Sozialismus sicher zweifelnd und verständnislos ja ablehnend gegenüber. Er wird sich mit dem praktischen Sozialismus befreunden, wenn dieser keine Opfer von ihm verlangt und das leistet, was wir Sozialisten von ihm erwarten.

Bei alledem wird freilich der Gegensatz zwischen dem Bauern als Verkäufer und dem Proletariat als Käufer von Nahrungsmitteln bestehen bleiben. Doch dieser Gegensatz ist kein Klassengegensatz: hier steht dem Bauern die ganze nahrungsmittelkaufende Bevölkerung gegenüber, nicht nur die Gesamtheit der Städter, sondern auch viele Dorfhandwerker und Landarbeiter. Gerade in diesem Punkt vermehrt die Demokratie, im Gegensatz zum Sowjetsystem, die Zahl der Elemente, die im Verein mit dem Proletariat den Nahrungsmittelproduzenten gegenübertreten.

Für jedes proletarische Regime wird nicht das Verhältnis zur Kapitalistenklasse, sondern das zur Bauernschaft der heikelste Punkt sein. Mit den Kapitalisten wird es politisch schon fertig werden, soweit die ökonomischen Bedingungen es erlauben, sobald es dazu die Zustimmung der Bauernschaft erlangt. Weiß sich die Klasse der Kapitalisten der geschlossenen und energischen Unterstützung der Bauernschaft zu versichern, dann wird die Sache bedenklich, besonders in Ländern, in denen die Bauern noch die stärkste Klasse der Bevölkerung ausmachen.

In Georgien liegen in dieser Beziehung die Verhältnisse sehr günstig. Wir haben gesehen, dass die Sozialdemokratie hier zum Führer und Vollender der Agrarrevolution wurde, die die Bauern von allen feudalen Resten befreite. Ein ähnliches Verhältnis besteht freilich auch in Russland zwischen Bolschewiki und Bauern und es bestand in Frankreich seit 1789 bis zum Ende der Revolution zwischen dem größten Teil der Bauern und den Pariser Revolutionären. Überall dort stellten sich die Bauern hinter die Revolution, solange das reaktionäre Ausland mit der Wiederherstellung der feudalen Verhältnisse drohte. Indes, sobald die Gefahr verschwunden war, marschierten die Bauern geschlossen in das Lager der Gegenrevolution. Und stellenweise hatten sie sich schon vorher gegen die Revolution erhoben: wir erinnern an die Vendee und an die jüngsten Bauernrevolten in Russland.

In Georgien finden wir bisher nichts Derartiges und auch kein Anzeichen, dass sich darin in absehbarer Zeit etwas ändert. Woher der Unterschied?

Eine der Ursachen, die in der Französischen Revolution zu gegenrevolutionären Bauernbewegungen führte, lag in der Verschiedenartigkeit der bäuerlichen Verhältnisse innerhalb der einzelnen Provinzen des Landes. Es gab dort rückständige Gegenden, in denen der Feudalherr und die Kirche noch als Schützer und Berater, nicht als Ausbeuter der Bauern galten. Als nun gar das revolutionäre Frankreich in Krieg geriet und von den Bauern Opfer, vor allem Rekruten, verlangte, gelang es den Feudalherren mancher jener rückständigen Gegenden, die Bauernschaft zur Empörung aufzureizen.

In dieser Beziehung ist das, was von dem russischen Reich als Sowjetrussland übrig geblieben ist, besser daran. Es ist weit einheitlicher als die alte französische Monarchie war, nachdem es seine Randstaaten verloren hat. Wäre es in seinem Bestand, den es vor dem Kriege hatte, erhalten geblieben, hätte Polen leicht zu seiner Vendee werden können, und diese wäre gefährlicher gewesen als die von 1793.

Ein anderer Umstand dagegen wirkt in Russland mehr auf die Gegenrevolution der Bauern ein als in Frankreich. Ich habe schon in meiner Schrift über Terrorismus und Kommunismus darauf hingewiesen, dass der Bauer in Frankreich durch die Revolution der Notwendigkeit enthoben wurde, Getreide zu verkaufen, da er nicht nur die Feudallasten abschüttelte, sondern zunächst auch die Zahlung von Steuern einstellte. Das erschwerte die Lebensmittelversorgung von Paris, namentlich seit dem Beginn des Krieges, als Massenheere notwendig wurden, die große Mengen von Lebensmitteln erforderten. In der Not suchten die Städter sich oft durch gewaltsame Requisitieren bei den Bauern zu helfen, was diese, wo sie konnten, mit gewaltsamer Widersetzbarkeit beantworteten. Doch dauerte dieses Stadium nicht lange, da bald die Heere der Revolution siegreich über die Landesgrenzen vorrückten und in die Lage kamen, sich auf Kosten des Landesfundes zu ernähren.

Schlimmer steht es in der Beziehung zu Russland. Seine Landwirtschaft ist noch so rückständig, dass sie nur geringe Überschüsse abwerfe. Wenn der Bauer trotzdem vor der Revolution dies Getreide verkaufte, so geschah es nur deshalb, weil er und seine Familie gezwungen waren, zu hungern. Wie in Frankreich legten ihm Staat und Grundbesitzer jene Abgaben auf, um diese bezahlen zu können, musste er einen erheblichen Teil seiner Ernten an die Städter und ans Ausland verkaufen. Jetzt haben die Abgaben an Staat und Grundbesitzer aufgehört, nun braucht der Bauer nichts mehr zu verkaufen. Er bestellt seinen Acker nachlässiger, arbeitet weniger und isst sich doch satt, was er früher nicht konnte. In die Städte aber zieht der Hunger ein.

Die Sache wird für Sowjetrussland umso schlimmer, als es die fruchtbarsten Gebiete verloren hat, die die reichsten Ernten lieferten. Und seine Armeen waren bisher zahlreich genug, um weite Gebiete zu verwüsten, aber nicht siegreich genug, um immer wieder neue Gebiete jenseits der Landesgrenzen zu erobern und sich aus ihnen zu verproviantieren.

Nur nach dem Süden hin, nach dem kaspischen Meer, Baku, Nord-Persien, Turkestan, konnten die roten Armeen sich ausdehnen. Sie kamen in diese mohammedanischen Gegenden als Verbündete des Islamismus, als Befreier vom Joch des europäischen Imperialismus und wurden begeistert begrüßt. Aber die Praxis gestaltete sich bald ganz anders als die Verheißungen. Die Bauernschaft jener Gebiete wurde bis aufs äußerste ausgeplündert. Seitdem sind in der mohammedanischen Welt die bolschewistischen Sympathien sehr im Erkalten begriffen.

Nicht so rücksichtslos, wie in jenen „befreiten" Gebieten, konnte man im eigentlichen Russland mit dem Bauern umgehen. Man legte ihm geringere Lieferungen auf, immerhin aber mehr, als er abgeben wollte, oft auch konnte. Die Diktatur weiß jedem Problem gegenüber nur ein Mittel: die brutale Gewalt. Bei den säumigen Bauern wurde die verlangte Abgabe gewaltsam eingetrieben. Dadurch hat man, außer zahlreichen Bauernaufständen und Verwüstungen von Dörfern, nur eines erreicht: das Streben der Bauern, in ihren Betrieben Überschüsse zu erzielen, ist jetzt vollständig erloschen. Der Bodenanbau geht zurück. Dder Mangel an Brot, die Hungersnot wächst.

Abermals wird an die Gewalt appelliert. Man verlangt jetzt in Sowjetrussland, dass der Bauer gezwungen werde, mehr zu bauen. Dieser Zwangsanbau wird ebenso scheitern wie alle bisherigen Zwangsmaßregeln des Bolschewismus gescheitert sind, die nicht bloßer Zerstörung des Bestehenden, sondern dem Aufbau einer neuen Wirtschaft dienen sollten. Die Befürworter des Zwangsanbaues haben wohl nicht überlegt, welch riesenhafter Apparat erforderlich wäre, um vier Fünftel der Bevölkerung zur Arbeit zu zwingen. Die heutige Bevölkerung der Städte würde dazu nicht ausreichen, die nötigen Kontroll- und Zwangskräfte zu liefen. Aber selbst wenn die Maßregel gelänge, was ausgeschlossen, so wäre sie nichts als eine riesenhafte Erneuerung der alten Fronarbeit, der nächst der Sklavenarbeit unproduktivsten der Arbeitsarten. Der ökonomische Untergang Sowjetrusslands wäre somit vollends besiegelt.

Ein bleibendes Resultat aller dieser Experimente, wenn sie noch länger fortgesetzt oder gar gesteigert werden, würde aber sein eine wachsende Erbitterung der Bauern gegen das städtische Proletariat. Sie würde sofort die Bauern in eine reaktionäre, antisozialistische Masse verwandeln, sobald die Entente von ihrer unsinnigen Politik abließe, ein neues Grundherrenregime in Russland wieder aufrichten zu wollen. Ist diese Gefahr für den Bauern in Russland verschwunden, dann hat die antisozialistische Reaktion dort freies Spiel. Möglicherweise mag die Parallele mit dem alten Frankreich so weit gehen, dass der neue Bauernkaiser aus den Reihen der Revolutionäre hervorgeht. In der kurzen Zeit ihres Bestehens haben die Männer der Diktatur schon so viele Wandlungen durchgemacht, dass manchen von ihnen auch die nicht schwer fallen wird. Und auch sie wird begeisterten Anhang in Europa finden bei jenen, die vor nichts Respekt haben als vor dem Augenblickserfolg.

Anders als in Russland vollzog sich die Entwicklung in Georgien. Dort gibt es keine Diktatur, es herrscht die Demokratie, und die macht es nicht so bequem, dass die Regierung einfach diktieren kann, was ihr passt, und dass jeder, der nicht pariert, nach Belieben über den Haufen geschossen werden darf. Die Gefährdung der Ernährung der industriellen Bevölkerung durch die Bauernbefreiung besteht für Georgien ebenso wie für Russland, das Problem ist allen Staaten des Ostens gemein, die infolge des Krieges eine Agrarrevolution durchgemacht haben.

Von Gewaltanwendung gegen die Bauern konnte in Georgien keine Rede sein. Wie aber den Bauern veranlassen, dass er Überschüsse erzeugt und in die Stadt abliefert? Bei der Erörterung dieser Frage dürfen wir nicht vergessen, dass mehr als ein Jahrhundert seit der Französischen Revolution verflossen ist. Dadurch hat sich das Problem, das in ihr zutage trat, etwas geändert. Damals erzeugte das Dorf fast alles selbst, was die Landwirte brauchen – was die Bauern nicht selbst produzierten, lieferten ihnen die Dorfhandwerker. Nur Staatssteuern und feudale Abgaben zwangen sie, für die Stadt zu produzieren. Der Stadt bedurften sie kaum. Heute kann der Bauer ohne große Industrie nicht leben. Sie erzeugt seine Werkzeuge, vielfach sogar seine Dungstoffe, soweit sie künstlicher Art; sie liefert ihm seine Kleider, oft sogar Möbel, etwa eiserne Betten usw. Der Bauer hungert nach Industrieprodukten und ist bereit, dafür Überschüsse zu produzieren. Und je mehr ihm die Industrie liefert, desto intensiver kann er seinen Betrieb gestalten, desto mehr kann er produzieren.

Die Entwicklung der heimischen Industrie und des auswärtigen Handels zur Vermehrung der Einfuhr von Industrieprodukten, sie ist unerlässlich, soll der Bauer veranlasst werden, Überschüsse für die Stadt zu liefern. Mit der bloßen Fabrikation von Papiergeld löst man das Problem nicht. Der Bauer pfeift auf dieses Geld, wenn es ihm nicht ein Mittel wird, Industrieprodukte zu kaufen.

Im Grunde Wissen das die Bolschewiki auch. Aber mit ihrem Versuch sofortiger Vollsozialisierung haben sie die einheimische Industrie zum Absterben gebracht, und ihre Propaganda im Ausland zur Herbeiführung der Weltrevolution hat ihnen nicht diese gebracht, sondern die Blockade.

Die Hebung der eigenen Industrie und des auswärtigen Handels ist die eine Bedingung vermehrter freiwilliger Lebensmittelversorgung der Städte. Die zweite ist die

Hebung der landwirtschaftlichen Produktivkräfte selbst. Sie ist besonders notwendig in Ländern mit völlig rückständiger Technik der Landwirtschaft.

Das hat die georgische Regierung eingesehen. Hand in Hand mit ihren Bestrebungen zur Hebung der Industrie und des Handels gehen Bestrebungen zur Bildung der Landwirte durch Musterwirtschaften und landwirtschaftliche Schulen, weiter Bestrebungen zur Verbesserung des Verkehrswesens sowie zur Anlegung von Entwässerungsbauten, von denen wir schon gehandelt haben.

Natürlich lässt sich ein solches Programm nicht durchführen ohne den Aufwand großer Geldmittel, das heißt aber, ohne eine starke Besteuerung nicht bloß der Kapitalisten, sondern auch der Bauern.

Bereits ist eine Einkommensteuer eingeführt, die namentlich diese beiden Kategorien trifft. Weitere Steuern werden folgen müssen.

Die Beschlussfassung darüber könnte entscheidend werden für das Schicksal der sozialdemokratischen Republik. Zeigen sich die Bauern bereit, weitere Steuern auf sich zu nehmen, dann ist die Ernährung der Städte besser gewährleistet als bisher, dann kann die Valuta dauernd stabilisiert und damit der Aufschwung von Industrie und Handel und die Verbesserung der Landwirtschaft selbst raschestens gefördert werden. Weit leichter und rascher als die meisten europäischen Staaten wird dann Georgien die dem Kriege folgende Krisis überwinden und eine gesicherte ökonomische Basis gewinnen. Es bedarf keines großen Aufschwunges der Landwirtschaft, dass das Land sich durch seine eigenen Produkte ernährt. Es erzeugte vor dem Kriege ungefähr 5 bis 6 Millionen Meterzentner Weizen. Es führte dazu noch rund eine Million ein, aber eine halbe Million Meterzentner Mais aus. Sein Defizit aus Brotgetreide betrug also nur eine halbe Million Zentner.

Bei anderen Nahrungsmitteln besteht kaum ein Defizit (vom Zucker abgesehen). Der Unterschied gegen früher liegt da bloß darin, dass ehedem ein großer Überfluss herrschte, heute dagegen eine fühlbare Knappheit und Teuerung, nicht aber krasser Mangel. Schon dadurch wird der anderswo so schroffe Gegensatz zwischen Arbeitern und Bauern gemildert. Auch die Bewilligung neuer Steuern braucht ihn nicht unüberbrückbar zu machen.

Die Bewilligung neuer Steuern durch die Bauern, das ist für die innere Politik die große Schicksalsfrage Georgiens. Ohne solche Bewilligungen geht es einer sehr unsicheren und trüben Zukunft entgegen. Aber an dieser Bewilligung ist kaum zu zweifeln.

Es ist etwas ganz anderes, wenn eine dem Bauern fremde, aus den Städten stammende, seiner Kontrolle nicht unterstehende Regierung von ihm Leistungen für rein städtische Zwecke verlangt, als wenn von ihm Steuern verlangt werden durch eine Regierung, bei deren Erwählung er durch das allgemeine Wahlrecht mitgewirkt hat, und die von Abgeordneten kontrolliert wird, die er selbst gewählt, zu Zwecken, die seinen eigenen Wohlstand ebenso fördern müssen, wie den der städtischen Bevölkerung. Nur im Rahmen der Demokratie, nicht bei der Rätediktatur ist es möglich, den Bauern Interesse an einem vom Proletariat regierten Staat beizubringen.

Das Verhältnis zwischen Proletariern und Bauern ist in Georgien bisher das denkbar beste. Eifrig arbeiten sie gemeinsam am Aufbau des neuen Gemeinwesens. Die Bauern sind von größtem Zutrauen zur proletarischen Führung erfüllt und diese tut ihr Möglichstes neben den eigenen Klasseninteressen die der Landwirte zu wahren. Das geschieht am besten dadurch, dass das Interesse der Steigerung der Produktivkräfte des Landes in den Vordergrund gerückt wird, an dem beide Klassen gleichmäßig interessiert sind.

Erleichtert wird das Zusammenwirken der beiden Klassen dadurch, dass sie vielfach durch Personalunion miteinander verbunden sind. Viele industrielle Arbeiter besitzen kleine Gütchen und viele Bauern sind auch heute noch zu zeitweiser Lohnarbeit gezwungen. Nicht minder wird die Kooperation der beiden Klassen erleichtert durch die Konsumgenossenschaften, die Arbeiter und Bauern vereinigen, sowie dadurch, dass nicht nur der Adel, sondern auch die Geistlichkeit jeden politischen Einfluss auf die Bauernschaft verloren hat. Das historische Moment, die Tradition; die bei dem konservativen Bauern eine solche Rolle spielt, spricht in Georgien zugunsten der Sozialdemokratie, denn diese war es, die seit ihrem Beginn den Kampf um seine Befreiung von russischer Bürokratie, russischem Absolutismus und von einheimischer Fronpflicht führte.

Dazu kommt noch ein Moment. Sobald der Bauer aus seiner revolutionären Periode heraus und zum freien Besitzer seines Gutes geworden ist, hängt er am ehesten der Regierung an, die nicht nur sein Eigentum respektiert, sondern es auch sichert von den Verwüstungen durch fremde Invasionen und Bürgerkriege. Daher die Anhänglichkeit der französischen Bauern an das siegreiche napoleonische Kaiserreich, daher ihre Erbitterung gegen städtische Revolutionäre, sobald sie als Bringer des Bürgerkrieges erscheinen.

Die georgische sozialdemokratische Regierung hat nicht nur den Bauern von den feudalen Lasten befreit, ihre auswärtige Politik hat auch, wie wir noch sehen werden, das Land bisher in den schwierigsten Situationen vor jeder verwüstenden Invasion bewahrt. Und ihre innere Politik demokratischer Milde und Freiheit, die aber nicht Schwächlichkeit oder Apathie bedeuten, sondern sich paart mit Energie und zielbewusster Initiative, hat gleichzeitig dem Lande jede innere Katastrophe erspart. In den letzten Jahren, in denen vom Rhein bis zum Stillen Ozean fast allenthalben von Zeit zu Zeit blutige Aufstände wüteten, ist Georgien das einzige Land neben Deutschösterreich, das von solchen Gewaltsamkeiten verschont blieb. Einige Aufstandsversuche in abgelegenen Grenzdistrikten im Norden und Süden waren nicht der Rede wert.

Diese Ruhe und Sicherheit haben mit dazu beigetragen, das sozialdemokratische Regime den Bauern teuer zu machen.

Es dürfte kaum ein anderes Land geben, in dem zurzeit die Bedingungen für ein freundschaftliches Verhältnis zwischen Bauernschaft und Proletariat und für deren sympathische Neutralität gegenüber der industriellen Sozialisierung so günstige sind wie in Georgien.

Und nichts deutet darauf hin, dass sich das sobald ändern sollte. Keine Klasse besteht in Georgien, die imstande wäre, die führende Rolle seines großindustriellen Proletariats, so klein es ist, zu übernehmen; und dank der Demokratie übt es seine Geschäfte mit solcher Umsicht und Milde, dass es keinerlei gewalttätige Opposition hervorruft.

Daher kommt es, dass in diesem Zeitalter der Revolutionen, die von innen aus gesichertste Regierung in Georgien sitzt.

Anders allerdings sieht es mit seiner äußeren Lage aus.

10. Die auswärtige Politik der Republik

Wir haben gesehen, dass die Sozialdemokratie Georgiens, nicht wie die Polens, eine selbständige Partei bildete, sondern als Teil der Sozialdemokratie Russlands wirkte, als Hochburg des russischen Menschewismus. Wohl trat sie für die Selbstbestimmung der georgischen wie jeder anderen Nationalität ein. Aber sie hielt es nicht für notwendig, zu diesem Zweck den Rahmen des russischen Staates zu sprengen Es hätte ihr wohl genügt, wenn Georgien einer der Staaten einer Bundesrepublik der vereinigten Staaten Russlands wurde. Nicht als Georgier, sondern als Menschewiki nahmen sie noch an den Wahlen zur Konstituante im November 1917 teil. Im Interesse ganz Russlands verteidigte bei ihrer Eröffnung Zereteli die Rechte der Konstituante gegenüber dem drohenden bolschewistischen Staatsstreich. Er wies daraus hin, dass die Sprengung der Konstituante nichts anderes bedeute als den Ruin der Industrie, ewigen Bürgerkrieg und den Zerfall des Reiches. Die Antwort auf seine Argumente gaben die Bolschewiki durch die Fäuste lettischer Infanteristen und Kronstädter Matrosen. Das hinderte nicht, dass Zereteli vor der Geschichte Recht behalten hat.

Die erste Folge der Verlagung der Konstituante war der Zerfall des Reiches. Die zentrifugalen Tendenzen bekamen das Übergewicht in den Ostseeprovinzen in der Ukraine, am Don und in Koban, in Sibirien und Kaukasien indes vollzog sich der Abfall Transkaukasiens nicht sofort, sondern nur schrittweise.

Die transkaukasischen Abgeordneten, die zur Konstituante erwählt worden waren, hatten sich gleich nach der Wahl, verstärkt durch solche nicht erwählte Kandidaten, die nach ihnen die meisten Stimmen erhalten hatten, zu einem transkaukasischen Landtag zusammengetan. Früher schon hatten die revolutionären Organisationen des Gebietes eine Exekutive zu seiner Verwaltung gebildet, das transkaukasische Kommissariat, das den Charakter einer lokalen Regierung annahm. Die beiden Institutionen kamen rasch zu völliger Unabhängigkeit von Russland, nicht durch Auflehnung gegen die Zentralgewalt, sondern dadurch, dass diese das Land völlig preisgab und sich selbst überlies. Die zurückflutenden russischen Heeresmassen öffneten den nachdrängenden Türken alle Wege. Wollte Transkaukasien nicht von den mordenden und sengenden Türken überschwemmt werden, dann musste es sich selbst helfen. Sein „Kommissariat" trat in Verhandlungen ein mit den Türken und den ihnen verbündeten Deutschen über einen Waffenstillstand und Frieden. Dabei wurde es zu einer selbständigen Regierung. Es fühlte sich von der bolschewistischen Regierung verkauft und verraten und lehnte daher die Teilnahme an den Friedensverhandlungen von Brest-Litowsk ab. Es erwartete, die Interessen des Landes besser zu wahren, wenn es eine selbständige Politik unabhängig von Russland trieb, und der Erfolg hat ihm Recht gegeben.

Nach der Kapitulation Russlands in Brest-Litowsk war die völlige Loslösung Transkaukasiens nur noch eine Frage weniger Wochen. Am 22. April 1918 erklärte sich die transkaukasische Republik für selbständig.

Doch nur fünf Wochen sollte dieses neue Gebilde bestehen. Seine Bestandteile waren zu verschiedenartig. Das führende Element stellten die Georgier dar. Aber sie hatten von Anfang an die größte Mühe, die beiden anderen nationalen Bestandteile des Gemeinwesens zusammenzuhalten, die *Armenier*, die vornehmlich in Armenien zu Hause sind, und die *Tataren*, deren Mehrheit Aserbeidschan bewohnt.

Die Armenier kennen keinen größeren Feind als die Türken und die mit diesen verwandten Kurden, die Mohammedaner überhaupt. Die Aserbeidschaner dagegen sind vorwiegend Mohammedaner. Sie neigten zu den Türken, während die Armenier jedem Regime geneigt waren, das sich bereit zeigte, sie von der türkischen Gefahr zu befreien, sowohl dem Zarismus wie der Entente. Die Georgier dagegen forderten völlige Neutralität, sowohl den Türken wie den Rassen gegenüber, völlige Unabhängigkeit von beiden. Eine Zeitlang vermochten die Georgier diese Politik auch den beiden anderen großen Volksstämmen Transkaukasiens plausibel zu machen. Doch der armenisch-tatarische Gegensatz war zu stark. An ihm scheiterte in den erregten Tagen, die dem Frieden von Brest-Litowsk folgten, die transkaukasische Republib.

Als die Türken am 26. Mai 1918 Transkaukasien ein Ultimatum stellten, demissionierte der Landtag und erklärte die Republik für aufgelöst. Am gleichen Tage proklamierte Georgien seine Selbständigkeit.

Seine auswärtige Politik blieb die gleiche, die es im Rahmen Transkaukasiens verfolgt hatte. In seiner Unabhängigkeitserklärung vom 26. Mai heißt es:

„Der Nationalrat ... erklärt:

1. Von nun an verfügt das Volk Georgiens souverän über sich selbst.

2. Die politische Verfassung des unabhängigen Georgien ist die der demokratischcn Republik.

3. Bei ausbrechenden internationalen Konflikten wird Georgien *beständig neutral bleiben*."

Dieser Politik ist es bisher aufs strengste treu geblieben, so schwierig es wurde angesichts der großen Konflikte, die sich seit der Unabhängigkeit Georgiens an seinen Grenzen abspielten, und trotz der ständigen Versuche der einen oder der anderen der großen Militärmächte, die Bundesgenossenschaft der Republik zu gewinnen oder zu erzwingen.

Die erste Schwierigkeit tauchte auf gleich nach der Unabhängigkeitserklärung. Das türkische Ultimatum brachte Georgien in eine verzweifelte Lage. Allein wäre es außerstande gewesen, der türkischen Invasion zu widerstehen. Um sich vor ihr zu schützen, blieb ihr nur die Wahl des kleineren Übels offen. Es öffnete der deutschen Okkupation die Tore durch das Abkommen, das am 28. Mai in Poti zwischen v. Lossow und Tschenkeli zustande kam[11].

Die deutschen Truppen kamen nach Tiflis als Schützer vor den Türken und wurden daher freudig begrüßt. Den Deutschen war das Land wertvoll als Durchgangsstraße nach dem petroleumreichen Baku und nach Persien und Turkestan. Sie kamen nach Georgien nicht als Plünderer, sondern als Organisatoren seiner Produktivkräfte, da sie die georgischen Produkte, namentlich sein Mangan, aber auch seine Eisenbahn notwendig brauchten. So brachten sie Georgien gerade das, was ihm am meisten fehlt und was ihm nur durch dazu vorgebildete Kräfte des Auslandes rasch gebracht werden kann: wirtschaftliche Organisation.

Die Deutschen waren in Georgien seit jeher beliebt, dank den württembergischen Kolonisten, die sich vor einem Jahrhundert dort ansiedelten, die als echte Bauern ihre ursprüngliche Nationalität bis heute bewahrten und die ein großes Ansehen genießen. Durch die Leistungen der deutschen Besatzungstruppen ist das deutsche Ansehen noch gestiegen. Georgien ist eines der wenigen Länder in diesem Kriege, in denen die deutsche Armee propagan-

---

11   Vgl. Mémoire sur les rapports des Republiques Transcaucasienne et Géorgienne avec la Turquie et l'Allemagne á propos de l'effondrement du front Russe. (Pag. 21).

distisch für das Deutschtum gewirkt hat. Aber trotzdem wies die georgische Regierung entschieden das Ansinnen der Deutschen zurück, mit ihnen im Bunde gegen Sowjetrussland oder die Entente vorzugehen.

> „Es gelang den Deutschen nicht, Georgien dahin zu bringen eine Allianz mit den Zentralmächten abzuschließen.
>
> Ebenso erfolglos blieben die Versuche der deutschen Diplomatie, Georgien in den russischen Bürgerkrieg hineinzuziehen.
>
> Als im Herbst 1918 eine Gruppe russischer Reaktionäre ein ‚Heer von Astrachan' zu bilden versuchte, schlug das deutsche Kommando der georgischen Regierung vor, auf ihrem Gebiet die Anwerbung der Freiwilligen für diese Armee zu gestatten. Die Regierung der Republik erwiderte mit einer kategorischen Ablehnung[12]."

Die Politik Georgiens änderte sich nicht, als nach dem Zusammenbruch der Armee Deutschlands und seiner Verbündeten die Entente in Transkaukasien eindrang. Nun war sie es, die Georgien zu bewegen suchte, in den russischen Bürgerkrieg einzugreifen und im Bunde mit Denikin gegen die Bolschewiki zu Felde zu ziehen. Entschieden lehnte die georgische Regierung diese Zumutung ab. Sie bewahrte die strikteste Neutralität. Die kämpfenden Parteien im Bürgerkrieg Russlands standen jedoch hüben und drüben auf dem Standpunkt: Wer nicht für mich ist, der ist gegen mich.

Den Generalen der Gegenrevolution war das Land der Demokratie und der Expropriation des Grundbesitzes ein Dorn im Auge. Den Männern der Sowjetrepublik erschien die Demokratie nicht minder unbequem, wenn auch aus anderen Gründen. Und den Menschewismus Georgiens hassten sie erst recht. Und beide Teile, die Diktatoren der Wiederherstellung des Zarismus wie die der Volkskommissäre, konnten den Gedanken nicht ertragen, dass in ihrem

---

12   Wontinsky, *Una vera democrazia.* Seite 203.

Bereich ein freies, unabhängiges Gemeinwesen bestand, das nicht den Diktaten Moskaus gehorchte. Ein großer Teil der Kämpfe zwischen den Bolschewiki und den weißen Truppen spielte sich an den nördlichen Grenzen Georgiens ab. Bald die eine, bald die andere Seite, die gerade siegreich war, versuchte die freien Bergvölker des Kaukasus zu unterjochen und drang dabei gelegentlich nach Georgien ein, um dorthin entweder die Reaktion zu tragen oder einen kommunistischen Aufstand, der die Unterwerfung unter das Sowjetregime herbeiführen sollte.

Zuerst waren es die Bolschewiki, die ohne jegliche Kriegserklärung im Herbst 1918 an der Küste des Schwarzen Meeres in Georgien eindrangen und Suchum einnahmen. Die georgische Truppenmacht warf sie zurück. Bald aber folgten den Bolschewiki Denikinsche Streitkräfte, die das von den Georgiern besetzte Gebiet für sich in Anspruch nahmen. Georgien versuchte zu verhandeln. Doch darauf ließ sich Denikin nicht ein. Er rückte vor, wurde aber schließlich ebenso wie die Bolschewiki zurückgeschlagen. Der Intervention der Engländer gelang es, den Frieden herzustellen.

Im folgenden Jahre versuchten dann die weißen Truppen die Bergvölker im nördlichen Kaukasus, die sich unabhängig gemacht, zu unterwerfen. Georgien blieb neutral, aber seine Sympathien gehörten den Angegriffenen, um ihre Freiheit Ringenden. Wiederholt protestierte es gegen die Gewalttaten der Gegenrevolutionäre, und zahlreiche georgische Freiwillige kämpften in den Reihen der Kaukasier

Am Beginn des Jahres 1920 begann eine Annäherung zwischen der Sowjetrepublik und Georgien. Die Volkskommissäre schlugen der georgischen Republik ein Bündnis zu einer gemeinsamen Aktion gegen das weiße Freiwilligenheer vor. Dies Bündnis wurde abgelehnt mit der Begründung, dass die georgische Regierung jede auswärtige Intervention in Russland und jedes Eingreifen einer fremden Macht in den russischen Bürgerkrieg für falsch und verderblich halte. Diese Auffassung hat die Regierung der georgischen Republik stets vertreten und jegliche Intervention in Russland auch der Entente gegenüber bekämpft, wo immer sie Gelegenheit dazu fand.

Lehnte sie aber ein Bündnis zu Kriegszwecken ab, so doch nicht eine freundschaftliche Annäherung an Russland. An der war ihr vielmehr sehr viel gelegen. Es gelang ihr auch, mit Sowjetrussland zu einem ausdrücklichen Friedensschluss zu kommen (7. Mai 1920), in dem beide Mächte sich gegenseitig anerkannten und sich Frieden und Freundschaft gelobten.

Georgien hat diesen Frieden getreulich eingehalten, nicht aber die Sowjetrepublik.

Kaum hatte sie den Frieden geschlossen, da überfielen ihre Truppen Georgien von der Seite Aserbeidschans her, dessen sich Sowjetrussland kurz vorher durch einen Staatsstreich bemächtigt hatte. Wieder gelang es den Georgiern, den eingedrungenen Feind zurückzuschlagen und abermals boten sie die Hand zum Frieden, sobald der geschlagene Feind dazu bereit war. Kaum war der Friedenszustand non neuem hergestellt, da organisierten die Bolschewiki wieder von Norden, von Wladikawkas, militärische Einfälle, um Insurrektionen in Nordgeorgien hervorzurufen. Fast gleichzeitig (Juli) wurde im Nordwesten, in Abchasien, eine kommunistische Verschwörung entdeckt, die mit russischen Militärs in Verbindung stand und an der sich zwei Angestellte der russischen Gesandtschaft in Tiflis beteiligten.

Auch sonst riss die illegale, mit reichen Geldmitteln aus Moskau genährte Propaganda und die Organisierung von kommunistischen Aufständen gegen die mit Russland im Frieden lebende georgische Republik nie ab. Wenn all diese Tücke, Wortbrüchigkeit und Verlogenheit bis zum Februar keinen nennenswerten Erfolg erzielt hat, so bezeugt das ebenso die Festigkeit wie die Umsicht und Tatkraft des georgischen Regimes, aber auch die Schamlosigkeit des kommunistischen, das nicht müde wird, sich über den Terrorismus in Georgien zu entrüsten, weil dort mitunter einige kommunistische Verschwörer festgenommen und zu Gefängnisstrafen verurteilt oder kommunistische Zeitungen, die erlogene Alarmnachrichten verbreiten, für einige Tage suspendiert werden.

In den letzten Monaten bis zum Februar dieses Jahres zog sich ein neues Gewitter über der kleinen, aber unverzagten Republik zusammen. Die türkischen Nationalisten drangen Ende September 1920 in Armenien ein.

Bald darauf kamen von Aserbeidschan her russische Truppen nach Armenien, um sich des Landes zu bemächtigen und es in einen Vasallen Russlands zu verwandeln. Sowohl in Armenien wie in Aserbeidschan sammelten sich immer mehr russische Truppen in bedrohlicher Weise an den Grenzen Georgiens an. Dadurch wurde auch dieses gezwungen, zu mobilisieren.

Dabei schlug der russische Gesandte in Tiflis, Scheimann immer drohendere Töne an. Mitte Dezember wurde in Tiflis eine Verschwörung entdeckt, die sich die Aufgabe setzte, einen Straßenkampf in Tiflis zu provozieren, der den an der Grenze, 60 Kilometer von Tiflis, lauernden ruffischen Truppen den Vorwand zum Einmarsch in Georgien liefern sollte. Unter den Verschwörern entdeckte man wieder Angestellte der russischen Gesandtschaft.

Das hätte der georgischen Regierung das Recht gegeben, Herrn Scheimann seine Pässe zuzustellen. Sie begnügte sich damit, Lenin zu ersuchen, Scheimann abzuberufen und durch eine andere Persönlichkeit zu ersetzen, weil seine Tätigkeit das gute Einvernehmen zwischen den beiden Staaten störe.

Aber Scheimann blieb.

So war die Lage der kleinen Republik Anfangs Jänner bereits eine sehr trübe geworden. Wenn die Moskauer Machthaber nicht rechtzeitig einlenkten, drohte im Frühjahr ein bolschewistischer Einfall. Nun ist er noch früher gekommen, als zu erwarten war. Georgiens Schicksal hing nur noch von der Kraft seiner Waffen ab.

11. Die Wehrmacht Georgiens

Die Sozialdemokraten Georgiens sind Pazifisten in dem Sinne, dass sie den Krieg verabscheuen und ihm möglichst aus dem Wege gehen, aber nicht in dem Sinne, dass sie darauf verzichten, Gewalt mit Gewalt abzuwehren und dass sie sich wehrlos dem Gegner ausliefern und bloß mit Worten auf ihn zu wirken suchen. Auch die Demokratie bedarf dort, wo sie mit Waffen bedroht wird, der Waffen, sich zu verteidigen.

So war auch die Sozialdemokratie Georgiens, sobald sie ans Ruder kam, genötigt, sich mit Waffen zu versehen.

Schon in der Revolution von 1905 hatten die georgischen Sozialdemokraten die Bewaffnung des Proletariats betrieben, aber die Ergebnisse veranlassten sie zu großer Vorsicht. Einem erheblichen Teil der Proletarier flößte der Besitz einer Waffe banditenhafte Gefühle ein, verleitete ihn zu individueller Gewalttat, zu Verbrechen.

Die Frage wurde wieder akut durch die Revolution von 1917. Als nach dem Freudenrausch des Anfangs eine gewisse Ernüchterung eintrat, erwogen auch in Georgien viele Genossen die Frage, wie man die Revolution gegen einen drohenden bewaffneten Handstreich der Gegenrevolutionäre schützen könne. Da erschien es notwendig, die Arbeiterschaft zu bewaffnen, aber diesmal nicht alle Arbeiter ohne Unterschied. Nur erprobte, organisierte Genossen sollten Waffen erhalten. Am 5. September 1917 wurde die Arbeitergarde begründet. Doch hatte sie anfangs geringe Bedeutung, da es ihr an Waffen fehlte. Da, im Dezember, wurde die Notwendigkeit, aber auch die Möglichkeit, eine größere Schar zu bewaffnen, gegeben durch einen Konflikt zwischen dem Tifliser Arbeiter- und dem dortigen Soldatenrat.

In Tiflis wie anderswo in Russland hatte sich ein Arbeiterrat gebildet und Noe Dschordania zum Vorsitzenden gewählt, unseren alten Vorkämpfer, der heute Präsident der Republik ist. Diesem Arbeiterrat fiel die ganze Gewalt in Tiflis zu, als sich nach dem bolschewistischen Staatsstreich die russische Armee auflöste und von der türkischen Grenze zurückflutete. Georgien, dessen Sprache sie nicht verstanden, erschien den russischen Soldaten als ein fremdes Land. Von vornherein zum Plundern geneigt, wie jede Armee, deren Disziplin verschwunden ist, waren sie umso mehr dazu bereit in einem Gebiet, in dem sie sich als fremd fühlten. Überdies waren die vom Geiste des Bolschewismus, das hieß damals der völligen Preisgabe des Landes an die feindlichen Armeen, erfüllten Soldaten nicht gut auf die georgischen Menschewiki zu sprechen, die das besinnungslose Davonlaufen vor den keineswegs siegreichen Türken nicht für notwendig fanden, so sehr sie auch von der Notwendigkeit eines sofortigen Waffenstillstandes und Friedens überzeugt waren. In der Tat gelang es dem menschewistischen Transkaukasischen Kommissariat, am 18. Dezember einen Waffenstillstand mit den Türken zu schließen.

Aber von Anfang Dezember an bedrohte die sich zurückwälzende desorganisierte und sinnlose Masse der Soldaten die Sicherheit der Tifliser Bevölkerung aufs schwerste. Sie zu schützen forderte der Tifliser Arbeiterrat Waffen für die Arbeitergarde. Waffen gab es nur im Arsenal, das in den Händen der zurückmarschierenden Soldaten war. Der menschewistische Arbeiterrat forderte vom bolschewistischen Soldatenrat die Ausfolgung von Waffen zur Bewaffnung der Arbeitergarde. Der Soldatenrat schlug das ab.

Da beschloss der Arbeiterrat, zur Selbsthilfe zu greifen und das Arsenal zu erobern. Es war ein tollkühnes Unternehmen. Nur 225 Bewaffnete standen ihm zur Verfügung, indes die Garnison von Tiflis 20.000 Mann zählte. Trotzdem gelang der Streich. Am frühen Morgen des 12. Dezember überfielen sie das Arsenal und bemächtigten sich seiner nach kurzem Kampf, in dem nur ein Soldat fiel. Dieses Gelingen beweist die ungeheure Kampfmüdigkeit, Apathie und Demoralisation, die sich des russischen Heeres bemächtigt hatte, ebenso wie die Unerschrockenheit und Wehrhaftigkeit des georgischen Proletariats. Wir haben oben bemerkt, dass in allen Teilen der Bevölkerung Georgiens als Erbteil des Feudalismus wirtschaftliche Sorglosigkeit und Genussfreudigkeit zurückgeblieben sind. Zu diesem Erbe gehört aber auch eine starke Ritterlichkeit im besten Sinne des Wortes.

Neben dem 26. Mai, dem Tage der Unabhängigkeitserklärung, wird der 12. Dezember in Georgien als Nationalfeiertag festlich begangen. Damals eroberte die georgische Sozialdemokratie in sieghafter Überlegenheit die Wehr, die sie seitdem gegen jeden bewaffneten Angriff schützen sollte.

Die Arbeitergarde verfügte nun über genügende Waffen und vermochte sich in Bataillonen zu organisieren. Ihr Name wechselte, zuerst nannte sie sich revolutionäre Miliz, dann rote Garde, schließlich Volksgarde, und so heißt sie auch jetzt. Von Tiflis verbreitete sie sich über ganz Georgien. Es ist eine Freiwilligenarmee erprobter Sozialisten. Augenblicklich zählt sie etwa 30.000 Mann.

Nur ein Teil steht im Frieden unter den Waffen, die meisten sind beurlaubt und gehen ihren Berufen nach. Droht der Republik Gefahr, ruft sie der Generalstab, dann finden sie sich mit ihren Waffen an der ihnen vorgeschriebenen Stelle ein. Die Verfassung der Garde ist demokratisch. Sie regelt ihre Angelegenheiten auf Kongressen, zu denen je 200 Mann einen Delegierten senden. Die Garde eines jeden Bezirkes erwählt ihre Offiziere. Ebenso wird der Generalstab erwählt, für ein Jahr. Der oberste Kommandierende ist augenblicklich der Genosse Waliko Dschugeli, derselbe, der in dem kühnen Handstreich vom 12. Dezember 1917 die Führung übernommen hatte.

Die Garde untersteht nicht dem Kriegsminister, sondern dem Präsidenten der Republik.

Die militärische Ausbildung der Garde wird eifrig gepflegt, aber diese Truppe entfaltet keinen militärischen Geist. Die Volksgardisten bleiben in der Kaserne dieselben sozialdemokratischen Proletarier, die sie außer ihr sind, und ihr Interesse gilt vor allem nicht militärischen, sondern sozialen Fragen.

Der Generalstab hat zwei Sektionen gebildet; eine für Bildung und eine für Landwirtschaft. Jene lässt sich die Fortbildung der Gardisten angelegen sein, die Vermehrung sowohl ihres staatsbürgerlichen Wissens wie ihres technischen Könnens. Die andere Sektion aber betreibt Landwirtschaft auf einigen großen Gütern, die ihr zur Verfügung gestellt sind.

Eine Bildungssektion findet sich auch bei der österreichischen Volkswehr. Dagegen ist der Betrieb der Landwirtschaft durch die Garde einzig in seiner Art. Dieses Unternehmen ist nicht zu verwechseln mit der russischen Zwangsarbeit. Die georgische Organisation bedeutet eine Zivilisierung des Militarismus; die russische eine Militarisierung des Zivils, ziviler Arbeit. In der Volksgarde werden nicht Arbeiter, die gerne außerhalb der Armee blieben, militärischer Disziplin unterworfen, damit man sie zu bestimmten Arbeiten zwingen kann, sondern es wird Soldaten, die sonst beschäftigungslos in der Kaserne blieben, die Möglichkeit gegeben, die eintönige Langweile und

Unproduktivität ihres Daseins durch nützliche und mannigfaltige Betätigung zu unterbrechen. Es muss sich erst zeigen, ob die Gardisten auf ihren Landgütern produktiver arbeiten als private Arbeiter; aber selbst wo dies nicht der Fall sein sollte, werden sie gewiss dazu beitragen, die Kosten ihrer Erhaltung herabzusetzen. Die Landgüter decken einen Teil des Bedarfs der Garde.

Wir haben hier ein sehr interessantes Experiment vor uns, dessen weitere Entwicklung ernsthafte Beachtung verdient. Seine Nachahmung und erfolgreiche Durchführung in Europa vermöchte dessen Riesenheeren ein etwas vernünftigeres und freundlicheres Gesicht zu verleihen. Es ist keine spezifisch sozialistische Maßregel. Jede bürgerliche Regierung könnte sie akzeptieren. Aber freilich was würde dann aus den Militärlieferanten? Und welches europäische Offizierskorps fände nicht die Beschäftigung mit produktiver Arbeit unter seiner Würde?

Ist aber die Landwirtschaft auf Staatsgütern, betrieben durch Soldaten während der Zeit ihrer Kasernierung, noch keine sozialistische Maßregel, so kann sie doch für die Entwicklung des Sozialismus von Bedeutung werden als Ansatzpunkt für die Entwicklung einer der Formen sozialistischer Landwirtschaft.

Trotz dieser ausgesprochen friedlichen Neigungen und Beschäftigungen hat die Volksgarde bei jeder Gelegenheit ihre Schlagfertigkeit gezeigt, bei der sie zur Anwendung kam. Und an solchen Gelegenheiten fehlte es leider nicht, wie wir gesehen.

Auf die Dauer konnte die Republik der Sozialisten mit dem Freiwilligenheer allein nicht auskommen. Der Geist der Demokratie verlangte die Heranziehung aller Wehrfähigen zum Kriegsdienst, und die Sorge für die Sicherung der Republik gegenüber den mächtigen äußeren Feinden erhob die gleiche Forderung.

So ist neben der Volksgarde eine Armee der allgemeinen Wehrpflicht erstanden, die nach ihrer definitiven Ausgestaltung eine Miliz, ähnlich der schweizerischen, darstellen dürfte. Diese Armee ist dem Kriegsminister unterstellt. Im Kriegsfall werden reguläre Armee und Freiwilligengarde unter dem gleichen Oberkommando vereinigt. Im Heer der allgemeinen Wehrpflicht werden Bildungsbestrebungen vom Kriegsministerium ebenfalls eifrig gefördert und die Demokratisierung ist auch in diesen Truppenteilen sehr weit durchgeführt. Doch werden hier die Offiziere nicht von den Soldaten erwählt, sondern vom Kriegsministerium ernannt. Die höheren Offiziere sind in der Mehrzahl Sozialdemokraten.

Über den militärischen Wert der Truppen und das Verhältnis der einzelnen Armeeteile zueinander kann ein Nichtfachmann, noch dazu einer, der der Landessprache nicht mächtig ist und keine Gelegenheit zu langen Beobachtungen hatte, ein Urteil nicht fällen. Übereinstimmend wurde mir von verschiedenen Seiten versichert, dass Eifersüchteleien zwischen der Garde und der regulären Armee nicht beständen.

Sicher ist, dass die Gesamtarmee sich bis zum Februar stets erfolgreich geschlagen hat. Die ganze Armee ist getragen von hoher Begeisterung für die Unabhängigkeit des Vaterlandes. Nur an Waffen und Munition leidet sie empfindlich Mangel.

12. Der bolschewistische Überfall

In der kurzen Zeit des Bestehens des unabhängigen Georgien hat seine Wehrmacht schon manch harte Probe abzulegen gehabt. Die härteste und schwerste muss sie aber zu der Zeit bestehen, in der diese Zeilen abgefasst werden, infolge des plötzlichen Einfalles starker bolschewistischer Streitkräfte vom Süden, vom Osten und Norden gleichzeitig.

Ohne jede Kriegserklärung erfolgte der verräterische Überfall in der ersten Hälfte des Februar. Er wurde der Welt zuerst von georgischer Seite mitgeteilt. Die sozialdemokratische Partei und die Gewerkschaften Georgiens sowie die Partei der Sozialisten-Föderalisten teilten ebenso wie die georgische Regierung positiv mit, dass Georgien von russischen Streitkräften überfallen und aufs äußerste bedroht sei. Sie erwarteten einen sofortigen stürmischen Protest gegen das Vorgehen Moskaus, namentlich durch die internationale Konferenz in Wien. Leider kamen die Telegramme verspätet an, außerdem stand die Konferenz unter dem Eindruck der furchtbaren Krisis, in die das kontinentale Europa durch die wahnsinnigen Forderungen der Entente an Deutschland gestürzt ist, was das allgemeine Interesse mehr nach dem Westen als nach dem Osten lenkte. Vor allem aber wurde das sozialistische Urteil verwirrt durch die Darstellungen, die von Moskau kamen und die jedes Eingreifen der russischen Armee in Georgien entschieden leugneten.

Diese Darstellungen einer eingehenden Kritik zu unterziehen ist nicht mehr notwendig. Sie kritisierten sich selbst durch ihre Widersprüche und Wandlungen.

Um das Eindringen russischer Truppen leugnen zu können, wurde zuerst erzählt, an den georgischen Grenzen hätten sich einige Dorfer erhoben, erbittert über die Tyrannei der Georgier. Armenier an der Südgrenze hätten den Anfang gemacht, dann sei der Aufstand nach Signach übergesprungen, das im Osten Georgiens gegen Aserbeidschan zu liegt, und gleichzeitig hätte sich Abchasien erhoben, im äußersten Nordwesten, dicht an der russischen Grenze.

Merkwürdigerweise brachen die Aufstände gerade dort aus, wo, in Armenien wie in Aserbeidschan und bei Abchasien, schon seit November große und stetig vermehrte russische Truppenmassen lagerten.

Unaufhaltsam sollen die Bewohner der paar armenischen Grenzdörfer gegen Tiflis vorgedrungen sein. Die russische Regierung teilte mit, sie hatte versucht, voll Friedensliebe und Wohlwollen dem bedrängten georgischen Regime zu helfen und ihr Vermittlung zwischen den Georgiern und den Armeniern angeboten. Sie könne nichts dafür, wenn Georgien diese Vermittlung schnöde zurückweise.

Aber kaum ist Tiflis erobert, wandelt sich sofort das Bild. Die Armenier haben ihre Schuldigkeit getan, die Armenier können gehen. *Es ist in den russischen Telegrammen keine Rede mehr von den armenischen Aufständischen,* sondern jetzt heißt es plötzlich die *Kommunisten* hätten Tiflis erobert und die *Menschewiki* verjagt.

Der russische Telegraph berichtet nun:

„Brawda (in Moskau) beglückwünscht die georgischen Genossen und sagt, dass das menschewistische Georgien der letzte Unterschlupf für die Konterrevolution gewesen ist."

Kein Wort mehr von den armenischen Aufständischen, kein Wort von Friedensvermittlung. Kann ein Mensch mit gesundem Verstand es für möglich halten, dass sie jemals ernsthaft gemeint war, dass Moskau einer von Kommunisten bedrängten menschewistischen Regierung jemals seine hilfreiche Vermittlung angeboten hätte?

Die späteren russischen Telegramme über die Vorgänge in Georgien strafen also die vorher versandten Lügen. Sie kommen der Wahrheit erheblich näher. Aber doch nicht nahe genug. Sie geben zu, dass Tiflis von *Kommunisten* und nicht von aufständischen Armeniern eingenommen sei. Aber sie wollen uns glauben machen, es seien *georgische* Arbeiter und Bauern, die sich gegen ihre eigene Regierung erhoben und Tiflis eroberten.

In einem Moskauer Telegramm heißt es:

> „Das georgische Revolutionskomitee verkündet öffentlich die Besetzung Tiflis durch die revolutionären georgischen Arbeiter und Bauern."

Also dieselben georgischen Kommunisten, die bis zum Jänner in keiner Arbeiter- oder gar Bauernorganisation Georgiens bei vollster Freiheit legaler Betätigung irgendeine Stimmenzahl von Belang aufbringen konnten, sie haben plötzlich im Februar die Kraft bekommen, die georgische Regierung über den Haufen zu werfen!

Das ist schon sonderbar genug. Noch sonderbarer aber folgendes: Ein Aufstand revolutionärer Arbeiter bricht in der Regel zuerst in einem industriellen Zentrum aus und verbreitet sich von dort aus über das übrige Land. Der kommunistische Aufstand der „revolutionären Arbeiter Georgiens" brach aber nicht in Tiflis aus, das die Hälfte der industriellen Arbeiter Georgiens umfasst, sondern, das hat die russische Berichterstattung selbst festgestellt, in abgelegenen, von einer rückständigen Agrarbevölkerung bewohnten Dörfern! Dort befanden sich allerdings sehr zahlreiche Kommunisten, wohl bewaffnet und von Leuten geführt, die grimmigster Hass gegen jegliche menschewistische Organisation beseelte. *Das waren die russischen Armeen.* Nur sie vermochten dem „georgischen Revolutionskomitee" die

Kraft zu verleihen, erfolgreich gegen Tiflis vorzurücken und es zu besetzen, nur durch sie kann es sich dort behaupten.

Wenn die russische Regierung trotzdem immer noch versucht, den Glauben zu erwecken, ihre drei starken Armeen an der georgischen Süd-,Ost- und Nordwestgrenze wären an dem Kampf der Kommunisten gegen das menschewistische Georgien ganz unbeteiligt, so rührt das offenbar daher, dass der Einbruch dieser Armeen die frecheste und schamloseste Verhöhnung der jedem Sozialisten heiligsten Grundzüge darstelle, von Grundzügen, die offen zum alten Eisen zu werfen selbst abgehärteten Bolschewiken noch bedenklich erscheint.

Doch stärker noch als solche Bedenken ist der Hass, der die Moskauer Gewalthaber gegen alles beseelt, was sozialdemokratisch oder menschewistisch heißt. Sie stellen es als gleichbedeutend hin mit der Gegenrevolution, aber sie hassen es in Wirklichkeit noch grimmiger als die tatsächliche Gegenrevolution.

Mit den Kapitalisten Englands und Amerikas lassen sie sich auf Unterhandlungen ein, dagegen haben sie Todfeindschaft jeder proletarischen Organisation geschworen, die den Standpunkt verficht, dass die Befreiung der Arbeiterklasse das Werk der Arbeiter selbst sein muss, dass sie nicht herbeigeführt werden kann durch willenlose Unterwerfung der Arbeiter unter die Gebote Moskaus.

Die Männer der Moskauer Internationale suchen jegliche sozialdemokratische, jegliche menschewistische Organisation mit allen Waffen der Lüge und der Korruption zu sprengen. Und sie sollten die sozialdemokratische Republik Georgien dicht an ihren Grenzen dulden, diesen „letzten Unterschlupf" des Menschewismus, wie die „Brawda" sagt, innerhalb des Machtbereich Russlands?

Georgien war menschewistisch. Damit war in Moskau sein Todesurteil gesprochen.

13. Der Moskauer Bonapartismus

Der Menschewismus Georgiens ist der wichtigste, aber nicht der einzige Grund für den bolschewistischen Überfall. Einen anderen bot die Weltpolitik Moskaus. Wie früher der Zarismus, betrachtet auch jetzt der Bolschewismus, allerdings von ganz anderen Ausgangspunkten aus, England als den größten und gefährlichsten Feind Russlands. Und dieses große Reich scheint durch seine geografische Lage allein unter allen Mächten der Welt über den Weg zu verfügen, auf dem man ohne Beherrschung des Meeres England zu Leibe rücken und auf die Knie zwingen kann: *über den Weg nach Indien.*

Mit dem grandiosen Gedanken Napoleons I., England in Indien anzugreifen, spielt jetzt Sowjetrussland. Napoleon scheiterte schon bei seinem ersten Schritt daran, dass er sich zur See gegen die Engländer nicht behaupten konnte. Er wäre ohne den Seesieg der Engländer beim zweiten Schritt viel ruhmloser an der Unzulänglichkeit der Verkehrswege im Innern Asiens gescheitert, die ihm schon am Beginn seiner militärischen Laufbahn ein Moskau bereitet hätten.

Sowjetrussland braucht den ersten Schritt Napoleons nicht zu wiederholen. Es kann gleich beim zweiten beginnen. Der hat an Schwierigkeit nichts verloren, denn heute ist zur Eroberung Indiens eine weit größere Armee erforderlich als am Ende des 18. Jahrhunderts. Ohne große Eisenbahnbauten werden die Russen kaum weit kommen. Solche Bauten sind aber bei dem heutigen Stande der russischen Industrie ausgeschlossen. Indessen, der Plan ist kühn, und an Kühnheit können sich die Bolschewiki sehr wohl mit Danton und dem ersten Napoleon messen. In dieser Eigenschaft und nicht in ihren positiven Leistungen liegt wohl auch die große Anziehungskraft, die sie auf so viele Gemüter üben, die fern von ihrem Regime leben.

Eine der Etappen des Weges nach Indien bildet Persien, in das die Bolschewiki schon im vorigen Jahr, freilich erfolglos, eindrangen. Ihre Basis war damals wohl zu schmal. Sie würde erheblich verbreitert durch den Besitz Georgiens. So bedarf die Moskauer Weltpolitik dieses Landes zu weiterem militärischen Fortschreiten. Der Zufall will, dass die „Rosta" gleich nach ihrer „Vorgeschichte" des georgischen Konflikts aus Moskau meldet:

„Am 28. Februar ist in Moskau der Vertrag zwischen *Russland* und *Afghanistan* unterzeichnet worden."

Die Eroberung Georgiens bildet eines der Elemente der Orientpolitik Russlands gegen England.

Der Vergleich mit der Politik Napoleons ist ein naheliegender und schon mehrfach gemachter. Die Übereinstimmung ist aber mehr als eine bloß zufällige. Immer wieder fällt es uns auf, in wie hohem Maße sich der Gang der großen Französischen Revolution in dem der russischen wiederholt, obwohl die internationale Lage und die Ideologie heute ganz anderer Art sind, als am Ende des 18. Jahrhunderts. Montesquieu, Voltaire, Jean Jacques Rousseau werden heute kaum noch gelesen, Marx beherrscht die Stunde, und das heutige Russland ist nicht, wie das Frankreich vor einem Jahrhundert, das höchstentwickelte, sondern das rückständigste der Länder des europäischen Festlandes. Aber die Hauptprobleme, die Agrarreform und die Überwindung des Absolutismus, stimmten in Russland 1917 noch so sehr mit denen Frankreichs von 1789 überein, dass die Revolution seitdem hier wie dort die gleichen Phasen durchlief, nur in Russland mit seiner jüngeren und einfacheren sozialen Schichtung in erheblich gröberen Formen.

Wir finden hier wie dort zunächst eine bürgerliche Revolution. Sie steigert sich in Frankreich zur Schreckensherrschaft der Jakobiner, die sich auf die unteren Klassen namentlich der Hauptstadt stützen. In Russland die Schreckensherrschaft der Bolschewiki, die die Diktatur des Proletariats proklamieren.

Um sich zu behaupten, sahen sich dann die Jakobiner gezwungen, an Stelle der Bürokratie, der Polizei, der Armee des alten Regimes, die von der Revolution aufgelöst waren, eine neue Polizei, Bürokratie, Armee auszubauen, viel stärker und zentralisierter als die alte, und so mit jenem Herrschaftsapparat zu beginnen, der zum Kaiserreich Napoleons führen sollte.

Den gleichen Weg zu gehen haben sich die Bolschewiki genötigt gesehen. Schrittweise haben sie die Selbstverwaltung der Arbeiterschaft in der Ökonomie und Politik immer mehr zurückgedrängt, einen allmächtigen Polizeiapparat geschaffen, die Diktatur der Fabrikleiter proklamiert, die Sowjets zu einem Schatten herabgewürdigt, dafür aber eine große, streng disziplinierte Armee aufgebaut, der der ganze Rest der russischen Großindustrie dienstbar ist.

So ist Sowjetrussland jetzt in eine Phase seiner Revolution eingetreten, die der dritten der französischen entspricht: In die Phase des Absolutismus der Herren der Polizei- und Militärgewalt. Wir können diese Phase nennen die des *Bonapartismus*. Wohl fehlt noch der siegreiche General. Einstweilen steht man in Russland erst im Stadium des Konsulats der beiden Konsuln Lenin und Trotzki.

Wie der Moskauer Bonapartismus, kommt auch sein französischer Vorgänger von der Revolution her, deren Allüren er beibehält, wodurch er viele Enthusiasten täuscht. So war bekanntlich der glühende Republikaner Beethoven noch 1804 ein begeisterter Verehrer Napoleons, unmittelbar bevor dieser sich zum Kaiser machte. Napoleon gilt aus

Verkörperung der Revolution auch deshalb, weil die reaktionären Mächte ihn ebenso hassen, wie die Revolution selbst. Und doch ist das napoleonische Kaiserreich bereits etwas von ihr wesentlich verschiedenes. Das heutige Moskauer Regime hat mit der Herrschaft des Proletariats im Staate ebensowenig mehr gemein, als das französische Kaiserreich vom Anfang des vorigen Jahrhunderts mit der Republik.

Nicht auf der *Kraft des Proletariats* beruht heute das sogenannte Sowjetregime, sondern auf der Kraft seiner *Armee* und auf der *Ohnmacht* des Proletariats gegenüber dieser Armee. Genauso wie ehedem die Macht Napoleons. Mit der Kraft der Armee wächst die Machtfülle der Herrscher im Staate, wächst aber auch gleichzeitig ihre Abhängigkeit von dem einzigen Faktor, auf den sie sich noch stützen können, vom Militär. Damit ersteht in Russland ein neuer Militarismus. Das Bedürfnis, seine Armee zu beschäftigen und ihr immer wieder neue Beute und Vorteile zu verschaffen, trieb Napoleon zu jener rastlosen Eroberungspolitik, die schließlich in Moskau zusammenbrach. Die gleichen Bedingungen erzeugen jetzt in Russland das gleiche Streben, den Moskauer Imperialismus.

Er ist es, dem jetzt Georgien zum Opfer gefallen ist.

Es ist wichtig, dies festzustellen. Denn es müsste auf uns geradezu niederschmetternd wirken, wenn es eine wahrhaft proletarische Republik wäre, die da eine andere proletarische Republik plötzlich überfallen hat, ein kleines, ungefährliches, friedliches Gemeinwesen überfallen ohne jede Kriegserklärung, mitten im Frieden: das ist eine Untat, noch frevelhafter als der Einfall der Deutschen in Belgien 1914. Denn Deutschland stand damals im Kriege um seine Existenz und der Einfall war eine Begleiterscheinung des Weltkrieges. Der bolschewistische Überfall droht die ganze sozialistische Propaganda gegen den Krieg lahmzulegen, ja als Humbug bloßzustellen.

Nie haben Kriege verheerender gewirkt wie heute bei den jetzigen technischen Mitteln sowie den Bedürfnissen der Produktion und des Verkehrs. Nie war der Frieden unentbehrlicher für das Gedeihen der Völker. Da wirkte es tröstend, ermunternd, erlösend auf weite Kreise, wenn wir Sozialisten darauf hinwiesen, dass nur der Kapitalismus den Krieg notwendigerweise erzeuge, dass aber das Proletariat die Kraft bilde, die den Frieden bringen und sichern werde. Die Herrschaft des Proletariats in der Welt sei gleichbedeutend mit dem dauernden Weltfrieden. Und nun haben wir da zwei vom Proletariat regierte Republiken nebeneinander und die eine wird von der anderen bekriegt, mit einer Treulosigkeit, wie sie selbst unter kapitalistischen Regierungen selten ist.

Wäre Russland noch eine proletarische Republik, dann müssten die georgischen Ereignisse unserer ganzen Propaganda, in der wir das Proletariat als die sicherste Stütze des Friedens bezeichneten, einen tödlichen Schlag versetzen.

Doch in Wirklichkeit ist das russische Proletariat an dem Überfall Georgiens politisch in keiner Weise beteiligt, weil es aufgehört hat, in Russland politische Macht zu üben. Wir dürfen nach wie vor und mit guten Gründen erklären, dass die allgemeine Herrschaft des Proletariats den dauernden Weltfrieden bringen wird, dass zwischen zwei vom Proletariat beherrschten Staaten kein Anlass zu Kriegen mehr bestehen und die internationale Solidarität der Proletarier stark genug sein wird, jeden eventuellen Konflikt zwischen zwei proletarischen Staaten friedlich zu lösen. Denn das Russland das eben seinen fluchwürdigen Überfall auf Georgien verübte, ist nicht mehr ein proletarisches, sondern ein bonapartistisches Gemeinwesen.

Das Proletariat Russlands, weit entfernt, über die Eroberung Georgiens zu jauchzen, verurteilt sie mit voller Entschiedenheit, wie der Protest beweist, den am 3. März in

113

Berlin die Auslandsvertretung der Sozialdemokratischen Arbeiterpartei Russlands (gezeichnet Abramowitsch und Martoff) erließ. In Russland selbst ist das Proletariat geknebelt, es kann sich nicht frei äußern, aber die Sozialdemokratische Partei, die der "Menschewiki", ist befugt, in seinem Namen zu sprechen. Die Zeiten sind vorbei, in denen der Bolschewismus den Menschewismus in den Hintergrund gedrängt und die Masse der großstädtischen Arbeiter für sich gewonnen hatte. Das war im Herbst 1917 der Fall, als das Friedensbedürfnis bei den Massen jedes andere überwog und die Bolschewiki ihm den kraftvollsten und rücksichtslosesten Ausdruck gaben.

Seitdem ist die Herrschaft des Bolschewismus identisch geworden mit ständigem Krieg, mit Hunger und Elend, aber auch mit völliger Aufhebung jeglicher Bewegungsfreiheit des Proletariats. Friede und Freiheit werden heute am energischsten von den Menschewiki verfochten, ihnen wendet sich immer mehr die Masse des russischen Proletariats zu und vergeblich versuchen die Bolschewiki mit allen Mitteln der Wahlfälschung, der Korruption, der Einschüchterung des blutigsten Terrors die gegen sie ansteigende Flut der Opposition einzudämmen.

Der Überfall auf Georgien ist nicht mit Zustimmung, sondern gegen den Willen des russischen Proletariats unternommen worden. Dieses ist frei von der neuen Moskauer Blutschuld.

Wir dürfen erwarten, dass das gesamte internationale Proletariat, soweit es nicht dem Kommando Moskaus folgt, sich einmütig dem Protest unserer russischen Genossen anschließen wird.

Man fürchte nicht, dass man durch diesen Protest den französischen und englischen Imperialismus stärkt, der Sowjetrussland feindselig gegenübersteht. Umgekehrt: wir brechen unseren Waffen im Kampf gegen den Imperialismus der kapitalistischen Mächte die Spitze ab, wenn wir es nicht wagen, dem Imperialismus dort entgegenzutreten, wo er aus einer proletarischen Revolution hervorgeht und diese schändet. Unsere Aufgabe ist es, das Proletariat dem Einfluss imperialistischen Denkens zu entreißen. Wie vermögen wir diese Aufgabe zu erfüllen, wenn wir einen Imperialismus dulden, der im Namen des Proletariats auftritt?

Aber noch ein anderer Umstand macht es notwendig, dass die sozialdemokratischen Parteien der Welt geschlossen dem Moskauer Bonapartismus entgegentreten.

Die große Übereinstimmung des bisherigen Ganges der russischen mit dem der großen Französischen Revolution darf uns nicht blind machen für die Unterschiede beider. Frankreich war im 18. Jahrhundert der vorgeschrittenste Staat des europäischen Festlandes. Russland ist heute noch unter den Großstaaten Europas der rückständigste. Der französische Bonapartismus, so sehr er einen gewaltigen Rückschritt gegenüber der Republik bedeutete, brachte doch durch seine Expansionspolitik dem übrigen Europa manchen Fortschritt. Der jetzige Moskauer Bonapartismus ist nicht nur reaktionär gegenüber der proletarischen Revolution Russlands, aus der er hervorgegangen ist, sondern noch mehr gegenüber den proletarischen Bewegungen des übrigen Europa, denen er Fesseln auferlegen will, die kein entwickeltes Proletariat sich gefallen lässt.

Noch ein anderer Unterschied besteht zwischen dem alten Bonapartismus von Paris und dem neuen von Moskau.

Zur Zeit der großen Französischen Revolution bestand noch kein klassenbewusstes Proletariat. Die proletarischen Schichten waren ganz im Gefolge des Kleinbürgertums, einer sehr zwiespältigen, unzuverlässigen Klasse, die beständig schwankt zwischen trotzigem Aufmucken und feigem Ducken sowie zwischen antikapitalistischem Missvergnügen und kapitalistischer Begehrlichkeit. Und diese

Klasse hatte zur Zeit der Französischen Revolution noch nicht die geringste politische Schulung hinter sich. So wild sie sich während der Schreckensherrschaft gebärdet hatte, so leicht fiel es dem Kaiserreich sie zu lähmen. Dieses fand keinen anderen ernsthaften Gegner vor als das Ausland, die alten legitimen Dynastien, die dem neuen Imperator seinen revolutionären Ursprung nicht vergessen konnten. Für das festländische Europa (England bleibt dabei immer ausgenommen) gab es damals nur zwei Möglichkeiten, entweder der Bonapartismus oder die Heilige Allianz.

Heute sind wir in der Beziehung doch viel weiter. Heute führt den revolutionären Kampf nicht das Kleinbürgertum, sondern das Proletariat, eine Klasse, die im Gegensatz zu den Kleinbürgern ganz eindeutigen Charakters und mit ganz eindeutigen Zielen ist. Sie vermag sich nicht mit dem Kapitalismus abzufinden und noch viel weniger mit irgendeiner Beschränkun ihrer Bewegungsfreiheit. Nicht immer bleiben sich die Proletarier des sozialistischen Endzieles ihres Klassenkampfes bewusst, wie die englischen Arbeiter mehr als ein Menschenalter lang nach dem Verschwinden des Chartismus zeigten, an ihrer Bewegungsfreiheit jedoch halten sie überall, unter allen Umständen aufs zäheste fest. Sie können zeitweise niedergeworfen und gewaltsam niedergehalten werden, aber selbst das wird immer schwerer, je größer ihre Zahl, je älter ihre politische und organisatorische Schulung, je größer ihre ökonomische Unentbehrlichkeit. Und überall hat das Proletariat schon Jahrzehnte offenen, organisierten Klassenkampfes hinter sicj.

Unter diesen Umständen findet der neue russische Bonapartismus eine ganz andere Situation vor als der alte französische. Die Welt hat nicht mehr bloß die Wahl zwischen zwei Möglichkeiten, der Unterwerfung unter die Diktate des neuen, aus der Revolution geborenen Absolutismus und der Reaktion, heute also zwischen Moskau und

der Entente. Eine dritte Möglichkeit tritt auf: die Überwindung des Moskauer Bonapartismus von innen durch
das Erstarken der Freiheitsbewegung des Proletariats, die
in hohem Grade durch den erstarkenden Menschewismus
repräsentiert wird.

Der Sieg der Heiligen Allianz über Napoleon bedeutete
den Sieg der Reaktion und die schlimmste Fesselung der
Völker Europas für ein Menschenalter hinaus. Aber dieser
Sieg wurde unvermeidlich durch die Maßlosigkeit die dem
Bonapartismus notwendigerweise eigentümlich ist.

Der Sieg des Ententekapitalismus über Sowjetrussland würde ebenfalls den Sieg der Reaktion bedeuten und
die Fesselung der Proletarier Europas erleichtern, wenn
auch keineswegs mehr auf ein Menschenalter hinaus und
lange nicht in dem Ausmaß, wie es die Heilige Allianz
getan. Immerhin, der proletarische Klassenkampf würde
dadurch empfindlich beeinträchtigt. Das Proletariat aller
Länder hat sich daher, welches immer seine Anschauun-
gen über die bolschewistischen Methoden, dem Streben
der Entente nach der gewaltsamen Niederwerfung Sowjetrusslands widersetzt.

Aber das darf nicht so weit führen, dass man den Moskauer Bonapartismus gegen jede Kritik verteidigt, auch
gegen die vom Menschewismus ausgehende. Man nennt
das Verteidigung der russischen Revolution, aber es ist
nur eine Verteidigung der Eskamoteure dieser Revolution
gegen die sozialdemokratische Opposition, die am ehesten
imstande wäre, die revolutionären Errungenschaften auf-
rechtzuerhalten und fortzuführen.

Nicht der Bolschewismus, sondern diese Opposition ist
heute der wahrhafte Träger der russischen Revolution. Von
ihrem Sieg hängt deren Schicksal ab. Und zwar von ihrem
baldigen Sieg.

Russland ist ein Bauernstaat und wird es für lange hinaus bleiben. Russlands politische Zukunft hängt davon ab, welcher Klasse oder Partei es gelingt, die Führung des Bauerntums zu gewinnen, das zu einer selbständigen Klassenpolitik nicht geeignet ist. Bisher folgte das Bauerntum Russlands der proletarischen Führung. Die bolschewistische Praxis hat begonnen, es immer mehr abzustoßen und es dadurch geneigt zu machen, sich einer kapitalistischen oder sonstigen gegenrevolutionären Führung zu unterwerfen.

Nicht nur durch den Sieg eines von der Entente gestützten gegenrevolutionären Generals, sondern noch mehr durch den Übergang der Bauernschaft in das Lager der Reaktion droht Russland wieder zu einer reaktionären Hochburg zu werden und dadurch den proletarischen Klassenkampf nicht bloß im eigenen Lande, sondern in ganz Europa empfindlich zu hemmen.

Nur die Ersetzung der bolschewistischen Methoden durch die menschewistischen, wie sie in Georgien so glücklich angewendet wurden, vermöchte die Flucht der bisher revolutionären, vom Proletariat geführten Bauernschaft in das Lager der Feinde des Proletariats zu verhindern. So ist die Überwindung des Bolschewismus durch den Menschewismus in Russland das dringendste Gebot der Stunde, das beste Mittel, die gefährdete Revolution zu retten.

Es ist die Pflicht der Sozialdemokraten aller Länder nach Möglichkeit den Menschewismus zu fördern. Das heißt aber, auf den Sieg der Methoden des kleinen Georgiens hinarbeiten. Noch liegt es zu Boden, von dem übermächtigen Gegner misshandelt und getreten, aber gleichzeitig schwebt der Geist, der es beseelte und zu Großem fähig machte, über dem Riesenreich seiner Dränger; er droht ihnen mit der Niederlage und verheißt dem Proletariat Russlands Wohlstand und Gedeihen, dem Proletariat der ganzen Welt Förderung seines siegreichen Vormarsches. Welche Qualen und Drangsale der unglücklichen Bevölkerung Georgiens durch die bluttriefenden Machthaber Moskaus noch beschieden sein mögen, es wird und muss sich wieder erheben wie ein Phönix aus seiner Asche. Der Sieg des Menschewismus wird zum Siege Georgiens werden. Russland kann nur noch gedeihen, wenn es vom Geiste erobert wird, der Georgien beseelt. Das wird die Revanche der sozialdemokratischen Kaukasusrepublik werden.